DOCUMENTS DIPLOMATIQUES

CONCERNANT

L'EGYPTE

de Mehemet-Ali jusqu'en 1920

réunis par

L'ASSOCIATION ÉGYPTIENNE DE PARIS

PARIS
Éditions Ernest LEROUX
28, rue Bonaparte, 28

1920

CUMENTS DIPLOMATIQUES

CONCERNANT

L'ÉGYPTE

Depuis la Convention de Londres (1840) jusqu'aux événements de 1920

DOCUMENTS DIPLOMATIQUES

CONCERNANT

L'ÉGYPTE

de Mehemet-Ali jusqu'en 1920

réunis par

L'ASSOCIATION ÉGYPTIENNE DE PARIS

PARIS
Éditions Ernest LEROUX
28, rue Bonaparte, 28

1920

TABLE DES MATIÈRES

CHAPITRE PREMIER

Evénements de 1840

CHAPITRE II

Firmans postérieurs à Méhemet Aly

CHAPITRE III

Evénements de 1882 et autour de 1882

CHAPITRE IV

Evénements de 1914 et Proclamation du Protectorat Britannique

CHAPITRE V

Evénements de 1918, 1919, 1920 et Délégation Egyptienne

CHAPITRE VI

Documents sur la mission de Lord Milner

CHAPITRE VII

CHAPITRE VIII

Convention Milner Zagloul

INTRODUCTION

Pour permettre au public de juger la question d'Egypte en connaissance de cause, l'Association Egyptienne de Paris a cru bon de réunir dans ce volume, l'ensemble des documents diplomatiques, relatifs aux événements allant de la Convention de Londres de 1840, *à notre révolution actuelle.*

Et pour mieux en faire ressortir le sens, disons qu'elle a été la trame de notre histoire contemporaine.

* * *

DE MEHEMET ALI A LA CHUTE D'ISMAIL

La renaissance de l'Egypte fut l'œuvre de Méhémet Ali. Avec une merveilleuse tenacité il l'organisa sur une base tout à fait moderne, la dotant d'une armée solide, d'une marine marchande et d'une marine de guerre. Il développa l'instruction du peuple, en protégeant les sciences et les arts. Il créa de fond en comble l'industrie; et introduisit dans le pays, la culture du coton. Il réussit ainsi à faire de l'Egypte une puissance prospère à l'intérieur et redoutable à l'extérieur (1).

* * *

La force et la richesse croissantes de l'Egypte, ainsi

(1) Voir Sabry, *La Question d'Egypte*, 1920, pp. 17 et suiv. Les détails de son œuvre de géant.

régénérée, firent naître dans son esprit l'idée de s'affranchir complètement de la tutelle turque. L'insurrection grecque du commencement du XIXe siècle lui en fournit l'occasion. Il prodigua son aide au sultan Mahmoud II; et son fils, le général Ibrahim Pacha, à la tête des troupes égyptiennes, contribua à la pacification de la Morée et la Crète.

Prenant fait et cause pour les Grecs, les flottes française, anglaise et russe détruisirent, à Navarin, en 1827, *la plus grande partie des flottes égyptienne et turque; et ceci sans aucune déclaration de guerre. Le sultan Mahmoud, malgré l'aide apportée par Mehemet Ali, refusa de consentir à l'indépendance de l'Egypte. Plus tard, Ibrahim envahit la Syrie, battit l'armée turque, pénétra en Asie-Mineure et remporta une grande victoire à Konia* (1832).

En 1839, *Ibrahim remporta une nouvelle victoire contre la Turquie, à Nezib, et l'armée égyptienne se trouva ainsi maîtresse des routes de Constantinople.*

C'est alors que les puissances intervinrent pour arrêter la marche de l'armée égyptienne et protéger la Porte. Une démonstration navale des puissances, dans les eaux d'Alexandrie, obligea Mehemet Ali à rappeler son fils Ibrahim qui dut évacuer l'Asie Mineure et la Syrie. La convention de Londres du 15 *juillet* 1840 *et le memorandum du* 30 *janvier* 1841 *tentèrent de régler la question égyptienne. Après tant d'efforts, Mehemet Ali demeurait vassal de la Porte. Il n'obtint pour l'Egypte qu'une autonomie intérieure au lieu de l'indépendance pour laquelle il avait fait tant de sacrifices. L'Egypte victorieuse restait enchaînée à la Turquie vaincue.*

Cependant le firman du 13 *février* 1841, *sanction-*

nant le traité et le memorandum, accorda à Mehemet Ali le gouvernement du Soudan avec le gouvernement héréditaire de l'Egypte.

⁂

Malgré ses guerres d'émancipation et ses multiples réformes, Mehemet Ali laissa l'Egypte sans dette aucune.

⁂

En 1849, *il abandonna le trône à son fils Ibrahim, qui ne gouverna que quelques mois. Abbas Ier succéda à son père Ibrahim et gouverna l'Egypte pendant six ans. Saïd monta sur le trône après lui. Intelligent et généreux, il fit le bonheur de son peuple. C'est lui qui accorda, en* 1854, *à Ferdinand de Lesseps la concession du percement du canal de Suez. L'obstruction de l'Angleterre ne permit de commencer les travaux qu'en* 1859.

⁂

Ismaïl succéda à Saïd en 1863. *C'est sous son règne que fut achevé, en* 1869, *le percement du canal de Suez. Il développa l'instruction, l'agriculture, l'industrie et le commerce; fit bâtir des palais nombreux, le Musée des Antiquités et l'Opéra du Caire, fonda l'Institut Egyptien, la Bibliothèque khédiviale, la Société de Géographie et l'Observatoire; inaugura un réseau de chemins de fer; creusa les ports de Suez et d'Alexandrie; et donna à la ville du Caire l'allure d'une grande capitale. Malgré tant de qualité brillantes, Ismaïl était né prodigue. Il ruina l'Egypte, en la chargeant d'une dette de* 91 *millions de livres sterling (chiffre atteint en* 1876). *L'Angleterre l'encourageait dans ces prodiga-*

lités qu'elle lui facilitait, par des prêts conclus à des taux monstrueux allant de 80 à 400 % (d'après Brailsford, cité par Sabry, o., c., p. 25).

* * *

Cependant Ismaïl obtint de la Porte par les deux firmans de 1866 et 1873, le titre de Khédive, l'hérédité directe au trône d'Egypte, l'extension de son armée (qui était limitée à 18.000 hommes), la faculté de conclure des emprunts et des traités commerciaux avec d'autres pays. La vassalité égyptienne à l'égard de la Turquie n'était plus représentée que par le tribut annuel de 750.000 L. E., la nomination du Cheikh-el-Islam (chef religieux suprême) d'Egypte parmi les ulémas de Constantinople. A part cela, l'Egypte jouissait d'une complète autonomie intérieure, avec, comme on vient de le voir, une large autonomie extérieure.

* * *

C'est en 1869, que le canal de Suez fut inauguré et ouvert au trafic maritime. L'Angleterre qui avait tout fait pour empêcher le projet d'aboutir, chercha dès lors, par tous les moyens, à mettre la main sur ce canal dont elle voyait l'importance pour ses possessions d'Asie. Profitant des embarras financiers d'Ismaïl, elle lui acheta, en 1875, ses actions pour une somme de 4 millions de livres sterlings, indemnité dérisoire si on la compare au cours actuel du marché.

C'était la main mise anglaise sur l'Egypte. Ainsi, ce canal creusé par des bras égyptiens, dont les finances égyptiennes payèrent la moitié des dépenses, au lieu d'être une source de prospérité et de progrès pour l'Egypte, devint, au contraire, la source de tous ses malheurs et la cause de sa servitude.

*
* *

L'Angleterre, alléguant les dettes d'Ismaïl, réussit à faire instituer le 2 mai 1875 la Caisse de la Dette publique. Deux contrôleurs, un Français et un Anglais étaient chargés de surveiller le paiement des coupons de la Dette. Ces Commissaires ne tenaient aucun compte de l'intérêt du peuple égyptien.

Le contrôle financier n'était pas suffisant à l'Angleterre. Il lui fallait le contrôle politique de l'Egypte. Pour y arriver elle fit instituer par Ismaïl, le 14 octobre 1878, « le Condominium » qui contrôlait le premier ministre égyptien, par l'intermédiaire de Sir River Wilson et M. de Blignières, deux diplomates, l'un anglais et l'autre français; le premier, tenant le portefeuille des Finances, le second, celui des Travaux Publics. En réalité, c'était Wilson qui commandait et qui gouvernait le pays. Le premier ministre égyptien Nubar était contraint d'obéir au ministre anglais Wilson.

La misère et la famine sévissaient. Les paysans, afin de payer les impôts écrasants, vendaient leur bétail, les bijoux de leurs femmes.

*
* *

Ainsi se réalisait le plan de Wilson, visant à la faillite de l'Egypte tandis que s'engraissaient les usuriers anglais.

*
* *

On proposa alors à Ismaïl la banqueroute et l'abdi-

cation. Il se révolta; et, pour tenter d'échapper à la catastrophe où on l'attirait, institua un conseil de ministres responsables devant une Chambre de Délégués, comprenant une centaine de membres.

Ce Parlement fit preuve de clairvoyance et d'indépendance; il s'attela à la tâche de réorganiser le pays; avec courage ses membres tinrent tête aux ministres, et surtout aux deux représentants du Condominium, montrant ainsi que le réveil national de l'Egypte n'était pas une chimère.

« En tant que Chef d'Etat et qu'Egyptien, disait » Ismaïl, je considère comme un devoir sacré de suivre « l'opinion de mon pays et de donner satisfaction à ses « légitimes aspirations. »

Mais, ce réveil national ne plut ni à l'Angleterre, ni à la France. Cette dernière surtout, et sans aucune méfiance du côté de l'Angleterre, travailla auprès de la Porte, à la déchéance d'Ismaïl, et, suivant un mot célèbre, « prépara le lit où la reine Victoria désirait coucher seule ».

Ismaïl fut destitué le 26 juin 1879.

DE L'AVÈNEMENT DE TEWFICK AU BOMBARDEMENT D'ALEXANDRIE

Nommé Khédive par firman du 9 août 1879, *Tewfick était d'un caractère faible et se laissait trop facilement dominer par le conseiller anglais Colvin et par les officiers circassiens de l'armée. L'avancement de ces officiers, au détriment des officiers égyptiens, et la faiblesse du Gouvernement, devant l'ingérence étrangère, mécontentèrent les esprits et préparèrent la révolution qui éclata en* 1881.

*
* *

Le colonel Arabi, chef du mouvement révolutionnaire organisé par le Parti National se présenta, le 9 septembre 1881, à la tête de ses soldats, devant le palais khédivial d'Abdine, au Caire, et demanda à Tewfick la réforme des cadres, la suppression des privilèges des officiers circassiens et la réunion d'un vrai Parlement devant lequel le Gouvernement serait entièrement responsable. Malgré l'intervention du conseiller anglais qui essayait de décourager Arabi et de pousser Tewfick au refus, le khédive accepta les conditions d'Arabi. Le Parlement fut institué et une Constitution vraiment démocratique fut proclamée. Le Parlement Egyptien, réuni pour la première fois au mois de décembre 1881, commença l'examen des grands problèmes intéressant le pays, décréta une loi électorale et rendit l'instruction obligatoire.

*
* *

Tandis que le Parlement discutait la loi organique, Gambetta et Lord Granville envoyaient une note au Khédive, l'invitant à reprendre les droits à lui conférés par les firmans impériaux et soi-disant usurpés par le nouveau Parlement. Les Gouvernements français et anglais se disaient résolus à parer à toutes les complications qui menaceraient la paix en Egypte. Cette note provoqua une impression extraordinaire en Egypte. Le Gouvernement de Tewfik, leurré par les consuls anglais et français, s'opposa au Parlement et voulut lui retirer le droit de discuter le budget. Mais le Parlement tint bon et obligea le ministère à démissionner. Un ministère national vint au pouvoir et se pro-

clama solidaire à Parti National et de l'armée égyptienne.

* * *

C'est alors que, sur une proposition faite par M. de Freycinet aux Puissances, la Conférence de Constantinople se réunit, le 23 juin 1882, à Thérapia, pour régler les affaires d'Egypte. Le 25, un Protocole de « Désintéressement » fut signé par toutes les Puissances, y compris l'Angleterre.

D'après ce protocole, les Puissances signataires s'engageaient « à ne chercher aucun avantage terri-« torial, ni la concession d'aucun privilège exclusif, « ni aucun avantage commercial pour leurs sujets, que « ceux que toute autre nation ne pourrait également « obtenir ».

Entre temps, une flotte française et une flotte anglaise furent envoyées dans les eaux d'Alexandrie, soi-disant pour soutenir le khédive. De Freycinet qui était opposé à l'occupation militaire rappela la flotte française; l'amiral Conrad reçut l'ordre de quitter Alexandrie, le 5 juin 1882. Mais la flotte anglaise, commandée par l'amiral Sir Beauchamps Seymour resta devant Alexandrie.

* * *

Déjà, bien avant la réunion de la Conférence de Constantinople, l'Angleterre s'était efforcée de rendre suspect le mouvement national égyptien. Sir Edward Malet, consul général d'Angleterre, se chargea de cette besogne en provoquant, le 11 juin 1882, par ses agents, les bagarres entre Egyptiens et étrangers; qu'on a appelées « les massacres d'Alexandrie », expression ridiculement fausse et exagérée. S'il y a eu massacre, ce fut celui des Egyptiens, dont 140 *furent tués, et non celui des étrangers qui étaient armés et n'ont eu que* 57*morts* (*voir* l'Egypte et l'Europe par un ancien Juge mixte, *ouvrage cité par Sabry, o. c., p.* 51).

La propagande anglaise, avec sa « sincérité » *habituelle présenta ces incidents regrettables comme les manifestations de la plus dangereuse xénophobie et du plus arrogant fanalisme musulman.*

Mais alors que la Conférence de Constantinople tenait encore ses assises, qu'elle rédigeait le Protocole de Désintéressement et la note du 7 juillet 1882, *invitant la Porte à envoyer des troupes en Egypte, l'Angleterre ne restait pas inactive. L'amiral Sir Beauchamps Seymour, prétextant que la réparation des forts d'Alexandrie était un acte hostile à l'Angleterre, somma le Gouvernement égyptien de suspendre tous les les travaux sous menace de bombarder Alexandrie.*

Le Gouvernement égyptien répondit à Seymour, par la note suivante, pleine de dignité :

« *L'Egypte n'a rien fait qui ait pu justifier l'envoi* « *des flottes combinées. L'autorité civile et militaire* « *n'a à se reprocher aucun acte autorisant les récla-* « *mations de l'amiral. Sauf quelques réparations* « *urgentes aux anciennes constructions, les forts sont* « *à cette heure dans l'état où ils se trouvaient à l'arrivée* « *des flottes.* Nous sommes ici chez nous, et nous avons « le droit et le devoir de nous y prémunir contre tout « ennemi qui prendrait l'initiative d'une rupture de « l'état de paix, lequel, selon le Gouvernement anglais, « n'a pas cessé d'exister. L'Egypte, gardienne de ses « droits et de son honneur, ne peut rendre aucun « fort, ni aucun canon, sans y être contrainte par le

« sort des armes. *Elle proteste contre votre déclaration « de ce jour et tiendra pour responsable de toutes les « conséquences, directes ou indirectes, qui pourront « résulter d'une attaque des flottes ou d'un bombarde« ment, la nation qui, en pleine paix, aura lancé le « premier boulet sur la paisible ville d'Alexandrie, au « mépris du droit des gens et des lois de la guerre ».*

* * *

La seule réponse à cette note fut le bombardement de la paisible ville d'Alexandrie par le glorieux *Seymour,* avide de lauriers, *le* 11 *juillet* 1882. *Les soldats anglais débarquèrent à Ras-el-Tin* (*quartier d'Alexandrie*), *le* 15 *juillet. Les marins grecs, russes et américains les imitèrent, mais l'amiral Seymour les pria aussitôt de rejoindre leurs navires,* ses forces étant suffisantes pour maintenir l'ordre à Alexandrie (*voir l'article de Mohammed bey Farid, dans le* Bulletin Égyptien, *de novembre* 1919).

En réalité, l'amiral voulait que l'Angleterre restât seule pour asservir l'Egypte.

* * *

Ce n'était pas la première fois qu'elle cherchait à occuper le pays. En 1801, *en guerre avec Napoléon, elle assiégea Alexandrie, et coupa la digue d'Aboukir noyant ainsi cent mille hectares de terres cultivées.*

En 1807, *l'armée anglaise débarqua de nouveau à Alexandrie et à Rosette; mais deux fois battue par Méhémet Ali, fut obligée de rembarquer.*

* * *

Arabi et ses partisans furent arrêtés, jugés et déportés à l'île de Ceylan. Le président de l'actuelle Délégation Egyptienne, Saad Zagloul Pacha était à cette époque parmi les incarcérés, et resta, en prison, en Egypte, jusqu'en 1883. *C'est un détail piquant, puisque Zagloul Pacha fut, comme nous le verrons plus loin, arrêté avec trois de ses collègues, et déporté à Malte, en* 1919, *pendant la Révolution actuelle.*

L'OCCUPATION BRITANNIQUE

Tout de suite après l'occupation, les Anglais cherchèrent à cacher leurs appétits sous des dehors de grande moralité.

Comme l'a bien fait remarquer Mohammed Farid bey, le regretté second chef du Parti National Egyptien, les diplomates anglais n'osaient qualifier la situation de l'Angleterre en Egypte que par des périphrases et des métaphores sans fondement juridique. L'Egypte est tantôt « une fleur qui ne saurait se passer de jardinier », « un malade qui a besoin de son médecin », « un pupille que doit guider son tuteur »; « notre tâche en Egypte, disait Salisbury... nos devoirs..., nos obligations morales..., notre mission..., nos intérêts... »; « Notre présence, disait Milner, dans son England in Egypt... *notre tutelle... notre influence... notre prédominance... un protectorat incomplet et irrégulier... un protectorat, mais non un protectorat légal... un protectorat déguisé ».*

* * *

Les Anglais étaient tellement convaincus eux-mêmes de la fausseté de leur situation en Egypte, qu'ils avaient fixé, la date de l'évacuation de la vallée du Nil, au 1er janvier 1888; et leurs hommes d'Etat ne cessèrent plus de jurer solennellement, que l'Angleterre manquerait à son honneur traditionnel et à son respect des traités, si elle s'installait définitivement en Egypte.

* * *

M. Gladstone disait à la Chambre des Communes, le 9 août 1883 : (1).

« Le doute qui subsiste dans une certaine partie de l'opinion a trait à ce désir de certains qui tendrait vers une occupation permanente de l'Égypte et à son intégration dans l'Empire. C'est une solution à laquelle nous sommes nettement opposés et que nous ne ferons jamais rien pour amener. Nous sommes opposés à cette doctrine de l'annexion; nous sommes opposés à tout ce qui lui ressemble ou en approche; nous sommes opposés à toute manière de parler qui pourrait en faire naître l'espoir. Nous nous y opposons au nom des intérêts de l'Angleterre, au nom de notre devoir envers l'Égypte, au nom des engagements rigoureux et solennels qui, au milieu des circonstances les plus critiques, nous ont gagné la confiance de l'opinion en Europe, et cela, au cours de négociations difficiles et délicates, qui rendent notre parole encore plus sacrée, pourrais-je dire, s'il était des paroles plus sacrées les unes que les autres. Nous sentons bien aussi qu'une occupation prolongée au-delà de certaines limites tend aisément à l'annexion

(1) On trouvera au chapitre troisième de cet ouvrage les déclarations officielles britanniques dont certaines furent officiellement enregistrées et retenues par la diplomatie européenne.

et c'est pourquoi nous nous proposons de veiller avec le plus grand soin à ce que l'occupation ne prenne pas insensiblement un caractère de permanence. Nous ne pouvons pas fixer une date, ni nous engager à en fixer une; mais nous n'omettrons rien de ce qui pourra amener le retrait définitif de nos troupes aussi vite que possible. Les conditions de ce retrait seront celles que Lord Granville a énumérées : l'ordre public rétabli et l'organisation de ces mesures qui assureront le maintien de l'autorité du khédive... L'Honorable Sir S. Northcote s'est exprimé comme si nous avions l'intention de demeurer en Egypte jusqu'à ce que nous y ayons établi des institutions qui feraient honneur au Royaume d'Utopie. Telle n'est pas notre intention... Pour employer une expression courante, nous voulons lancer l'Égypte sur la bonne voie, et, si nous lui assurons l'ordre, si nous lui constituons une force civile et militaire capable de la maintenir, avec un homme sur le trône en la justice et l'humanité duquel nous puissions avoir confiance, avec une administration de la justice remise en des mains suffisamment compétentes, sous un contrôle éclairé, avec, enfin, un commencement raisonnable d'institutions parlementaires qui contiennent, au moins en germe, une semence de liberté, en ce cas et alors nous considérerons notre devoir comme accompli. »

*
* *

Le 10 *juin* 1887, *lord Salisbury répétait la même affirmation à la Chambre des Lords.*

« Il ne nous appartenait pas d'assumer le protectorat de l'Égypte, parce que le Gouvernement de

Sa Majesté avait à maintes reprises protesté solennellement que telle n'était pas son intention. Mon honorable ami a insisté sur le caractère rigoureux de cet engagement et il nous rend justice quand il estime que cette obligation sacrée a été constamment présente à notre esprit... Il n'y a pas de doute que notre présence en Egypte, qui n'était légitimée par aucune convention... est la raison qui a inspiré au Sultan une méfiance à notre égard que nous ne méritons pas. »

*
* *

Et le même, à la Chambre des Lords, le 12 *août* 1889 *répétait :*

« Quand mon honorable ami nous demande de nous transformer de gardiens en propriétaires... et de nous établir à demeure en Egypte, je suis obligé de lui dire qu'il ne tient pas un compte suffisant du caractère sacré des obligations que le Gouvernement de la Reine a souscrites et qu'il est tenu de respecter. En ces matières, nous n'avons pas à considérer ce qui semble le plus opportun ou le plus avantageux, mais seulement la conduite à laquelle nous astreignent nos propres engagements et la loi européenne ».

*
* *

Et M. Gladstone, à la Chambre des Communes, disait encore, le 1er *mai* 1893 :

« Je ne puis pas m'empêcher d'exprimer mon sentiment général ; ...que l'occupation de l'Egypte apparait coûteuse et difficile, que l'occupation permanente de ce pays serait en désaccord avec notre politique traditionnelle, qu'elle marquerait de la mauvaise foi envers le Pouvoir Suzerain et enfin qu'elle serait contraire aux accords européens. Ce n'est certainement pas moi qui nous découvrirai un devoir au nom duquel il nous deviendrait permis de manquer à des engagements que nous avons librement consentis. Il y a une chose que nous ne pouvons pas faire sans manquer à l'honneur, et c'est de nier la parole donnée qui exclut toute possibilité d'occupation indéterminée, ou encore d'interpréter cette parole, de manière à esquiver, sous prétexte de considérations accessoires, l'obligation formelle qui nous lie. »

***

Le même esprit inspirait la réponse de M. Gladstone à Moustapha Kamel, l'illustre fondateur du Nouveau Parti National Egyptien en 1893. *Cet incomparable orateur et ce grand patriote entreprit une campagne énergique et tenace contre l'occupation anglaise, contre les méfaits qui lui sont inhérents, réclamant tous les jours, par la parole et par la plume, l'indépendance complète à laquelle l'Egypte à plein droit.*

La campagne menée par Moustapha Kamel contre les atrocités inouïes, commises à Denchawai, fut tellement énergique et indignée, que le Gouvernement anglais dût rappeler son consul Lord Cromer et le remplacer en 1907, *par le doucereux et hypocrite Eldon Gorst.*

Moustapha Kamel s'éteignit en 1908. *Ses funérailles furent une saisissante manifestation du sentiment national égyptien. Sur le parcours d'un convoi interminable, les trottoirs, les balcons, les fenêtres et les toits étaient bondés de monde; de partout, on enten-*

dait éclater des sanglots; une indicible douleur crispait tous les visages.

LES RÉSULTATS DE L'OCCUPATION

Après avoir prétendu qu'elle était entrée en Egypte pour rétablir l'ordre, l'Angleterre, pour excuser sa persistante et illégale présence, se découvrit une mission civilisatrice des Egyptiens. Voyons un peu la valeur de cette prétendue mission.

Les Anglais disent couramment que ce sont eux qui ont fait la prospérité et la richesse de l'Egypte. Cette richesse provient sans conteste de la culture de plus en plus étendue du coton. Or, c'est Mehemet Ali qui introduisit le coton en Egypte et c'est Ismaïl qui en encouragea l'extension sur une grande échelle. On voit bien que les Anglais sur ce chapitre n'ont rien fait d'original depuis 1882 et qu'ils n'ont fait que suivre l'ordre de choses établi avant eux. D'ailleurs, ils ont entrepris la lutte contre les maladies du cotonnier, avec une nonchalance et une incompétence exemplaires, se contentant de quelques biologistes inexpérimentés et incapables. De telle sorte que le rendement du feddan (plus de 4.000 mètres carrés) a diminué progressivement depuis 1895, et est tombé de cinq quintaux 268, à trois quintaux 094, en 1909.

* *

Dans le domaine industriel et spécialement de la filature, toutes les usines de tissage projetées ont été tuées avant de naître par l'imposition de taxes exorbitantes; et ceci, dans le but inavouable de ne pas nuire aux usines anglaises. Ainsi, le colon égyptien, au lieu d'être tissé sur place comme c'est l'intérêt du pays, fait le voyage jusqu'au Lancashire, pour revenir tissé en Egypte.

Toutes les autres usines de bougies, savons, cordes, essences, etc..., les arsenaux furent fermées pour la simple raison qu'ils faisaient concurrence au commerce anglais.

* * *

Dans le domaine de l'irrigation, les voies étaient tracées, et bien tracées, avant l'occupation. L'aménagement des canaux, la distribution des eaux et l'érection des barrages-réservoirs datent de Mehemet Ali. Les barrages que les Anglais ont construits à Assouan ont été tellement bien exécutés que dès l'année suivante, on a dû, par deux fois, procéder à des travaux de réparation assez coûteux, sans lesquels ils n'auraient pu résister à la pression des eaux pendant la crue. Sir Wilcooks, le grand ingénieur anglais, a reconnu en 1918 que les barrages ont été mal exécutés et qu'ils ont coûté le double (cinq millions de livres) de ce qu'ils auraient dû coûter.

* * *

Au point de vue de l'instruction, le nombre des illettrés n'a aucunement diminué depuis l'occupation anglaise. Le projet de l'instruction primaire obligatoire discuté par le Parlement de 1882 fut définitivement abandonné. L'instruction primaire devint de plus en plus chère; et partant inaccessible aux familles pauvres, les plus nombreuses dans chaque nation (nombreuses par leur nombre comme par leur progéniture).

Le lendemain de l'occupation, sur les 25 écoles secon-

daires égyptiennes, 22 furent supprimées sous le prétexte insoutenable du manque d'argent. Trois écoles restèrent ouvertes jusqu'en 1906, date à laquelle le Conseil législatif (assemblée à voix simplement consultative) parvint, après quinze ans d'efforts, à obtenir l'ouverture d'une quatrième école. Sur les douze écoles d'enseignement supérieur fondées par Ismaïl, trois seulement restèrent après l'occupation (droit, médecine, polytechnique) (Voir les Débats *du* 3-2-1920).

Dans toutes ces écoles, l'enseignement était fait en arabe et par des professeurs égyptiens compétents. Les Anglais, pour maintenir le peuple dans l'ignorance, réduisirent les programmes à des futilités et remplacèrent les professeurs égyptiens par des Anglais, la plupart sans aucune compétence. De l'aveu même de Lord Cromer, ces écoles supérieures étaient destinées dans son esprit à faire des fonctionnaires et non des savants.

Le budget de l'instruction publique forme honteusement la centième partie du budget total égyptien.

* * *

Les Anglais ont mis la main, après maintes intrigues et menaces sur notre flotte maritime marchande (Al Charika-el-Khédiviah) en simulant un acte de vente pour la somme insignifiante de 150.000 *L.*

Ils ont interdit la culture du tabac, après l'avoir taxée très lourdement, car le tabac égyptien exporté gênait terriblement un traité de commerce anglo-grec. Ceci est d'une importance capitale au point de vue commercial et montre clairement que les Anglais ne reculent devant aucun moyen pour ruiner le commerce égyptien s'il met une entrave quelconque au moindre intérêt britannique; car il ne faut pas oublier que la culture du tabac était une grande source de richesse, en Egypte, puisque le feddan rapportait quatre à cinq fois plus que le coton lui-même.

* * *

Le Parlement de 1882 fut aboli et remplacé par le Conseil Législatif, dont les membres étaient choisis par le gouvernement et dont la voix était purement consultative et rien que sur certaines questions. Puis, sous la pression d'une campagne de Presse tenace, on remplaça le Conseil Législatif par l'Assemblée Législative dont la moitié des membres était choisie par le gouvernement et l'autre moitié par un suffrage très conditionné. On voit bien qu'on est très loin du Parlement démocratique de 1882.

Chaque ministre fut et est encore flanqué d'un conseiller anglais; le ministre n'a qu'à signer ce que son conseiller ordonne.

* * *

Toutes les administrations égyptiennes furent envahies progressivement par une nuée de fonctionnaires anglais très grassement rétribués; et honteusement ignorants pour la plupart. Un professeur ou un fonctionnaire anglais touchent au moins le double ou le triple du traitement d'un fonctionnaire égyptien de même grade. La seule référence qu'on exige d'un aspirant anglais à une fonction quelconque, ce n'est pas une attestation de compétence, mais la preuve de sa nationalité anglaise. La fortune du pays s'engouffre peu à peu dans la poche des hauts fonctionnaires anglais. Et c'est ainsi que l'Angleterre entend travailler pour le bien et la prospérité des Egyptiens.

* * *

Le Soudan fut reconquis en 1896 *par le sang et l'argent égyptiens. L'Egypte devint, soi-disant, l'associée de l'Angleterre dans ce Soudan* anglo-égyptien. *Mais c'est l'Égypte qui a tout payé pour la conquête, c'est elle qui a payé chaque année près de deux millions de livres sterling sur son budget, pour l'entretien du Soudan; et ce Soudan ne rapporte pas un sou au Trésor égyptien.*

* * *

Dans le domaine de l'hygiène et de la lutte contre les maladies contagieuses, l'Angleterre a montré une mauvaise volonté et une mauvaise foi manifestes. La lutte contre la typhoïde, le typhus, la rage, la peste, l'ophtalmie etc., est poursuivie avec une nonchalance criminelle. La lutte anti-alcoolique est inconnue. Les hôpitaux sont insuffisants et la plupart mal aménagés et mal outillés. L'entretien des villes et des campagnes est lamentable. Aucun effort sérieux n'a été tenté contre la mortalité infantile qui fait rage en Egypte (voir L'Egypte *n°* 6 *de l'année* 1919).

Tout ce qui précède montre clairement que l'Angleterre, contrairement à ce qu'elle prétend, ne poursuit ni le bien moral, ni le bien-être des Egyptiens; mais uniquement son profit personnel.

LA DÉCLARATION DU PROTECTORAT

Quand la guerre mondiale éclata, l'Angleterre s'empressa de proclamer l'état de siège et la censure en Egypte. Elle envoya, à Malte ou à la prison de

Tourah, beaucoup d'Egyptiens coupables de ne pouvoir pas adorer l'Angleterre. Et elle proclama son protectorat sur l'Egypte, le 18 décembre 1914 comme une mesure nécessitée par la guerre.

* * *

Malgré la cruauté du recrutement du Labour Corps parmi les Egyptiens, l'Egypte fournit près d'un million et demi d'hommes sur tous les fronts. Elle ravitailla les Alliés et surtout les armées d'Orient. L'aide égyptienne fut, d'après le général Allenby lui-même, le facteur décisif de la victoire alliée en Orient.

La guerre terminée, le peuple, croyant aux principes de droit et de justice pour le triomphe desquels les Alliés ont prétendu combattre, revendiqua son indépendance. Une Délégation nationale se forma en même temps que s'organisait un vrai plébiscite secret nettement en faveur de l'indépendance complète de l'Egypte et du Soudan. Cette Délégation Egyptienne, présidée par Zagloul Pacha, recueillit près de deux millions de signatures et en eut recueilli davantage si les listes n'avaient été saisies par les autorités anglaises. Cette délégation chercha par tous les moyens à faire entendre la voix de l'Egypte aux chefs des gouvernements alliés, aux représentants diplomatiques en Egypte en rédigeant lettre sur lettre et rapport sur rapport.

A plusieurs reprises, elle demanda des passeports pour aller à Paris, présenter à la Conférence de la Paix les doléances de l'Egypte dont la voix devait être entendue du moment qu'elle avait combattu victorieusement dans les rangs des Alliés. Ce fut inutile. Aucun passeport ne fut accordé. Le premier ministre, Rouchdi

Pacha, donna sa démission deux fois, pour protester contre ce refus de passeports à la Délégation et à lui, car il voulait l'accompagner à la Conférence. Décidément la vérité même purement verbale n'est pas partout la même, puisque les quatorze points de Wilson qui étaient à la base de la paix n'avaient aucune application en Egypte, même pour la forme.

* * *

Dès le début de 1919, la répression des manifestations populaires en faveur de l'Indépendance commença et les soldats anglais, avides de lauriers, tiraient sur des foules totalement désarmées.

Toutes les classes de la population, de toutes les religions et de tous les âges, hommes et femmes, étaient patriotiquement unis pour la revendication de la liberté et de l'indépendance. Les manifestations offraient une beauté morale incomparable. L'accusation de fanatisme, colportée par les hommes d'État anglais, était réduite à néant par la présence, sur le drapeau égyptien, de la Croix à côté du Croissant, fait unique dans l'histoire; sans compter que les prêtres chrétiens allaient prêcher dans les mosquées et les ulémas musulmans dans les églises. Le Président de la Délégation et trois de ses collègues furent déportés à Malte le 8 mars 1919, par ordre du général anglais Watson.

LA RÉPRESSION BRITANNIQUE

Les soldats britanniques ont réprimé toutes ces manifestations dans le sang, sans tenir aucun compte de leur caractère spécifique, ni de l'absence d'armes dans les foules,

Les villageois pour se défendre, coupèrent les lignes de chemin de fer. Alors les autorités anglaises décrétèrent que le village le plus proche du lieu de détérioration de la voie serait brûlé. La délégation Egyptienne a présenté un copieux rapport à la Conférence de la Paix sur la répression dans les villages, les incendies et les bombardements par avion. Ce fut une répression très sauvage accompagnée de vols, viols et de toutes les abominations dignes des âges révolus. Voici à titre d'exemple le rapport du maire d'Azizieh, village de la province de Guizeh, rapport présenté aux membres de l'Assemblée Législative Egyptienne et du Conseil provincial de Guizeh :

« Je soussigné, Ibrahim Dessouki Rachdan, maire de Azizieh, ai l'honneur de vous soumettre ce qui suit :

« Mardi 25 mars, à 4 heures du matin, je me suis réveillé aux coups frappés à ma porte. Dix soldats anglais, armés de fusils, conduits par deux officiers, revolver au poing et accompagnés d'un agent, d'un sergent et d'un interprète égyptiens, étaient dans l'escalier de ma maison. L'interprète me dit : « L'officier vous ordonne de remettre immédiatement vos armes et de ramasser celles qui se trouvent dans le village, et cela avant un quart d'heure. » Je pris mon revolver qui se trouvait dans ma chambre et le remis à l'officier.

« Mais soldats et officiers se précipitèrent dans cette chambre, où dormaient ma femme et mes trois petites filles qui, terrifiées, se hâtèrent de se cacher sous le lit. Les soldats et leurs officiers se jetèrent sur la malle et l'armoire, les brisèrent et s'emparèrent des bijoux qu'elles contenaient. Sous l'oreiller, ils trouvèrent et prirent mon portefeuille, qui contenait treize cents

francs; ils prirent également ma montre et ma chaîne en or.

« Apercevant ma femme sous le lit, ils l'en tirèrent brutalement par les cheveux, malgré ses larmes et les cris des trois petites filles dont l'aînée n'a que huit ans; ils la fouillèrent indécemment, puis se rendirent dans les autres chambres, où ils continuèrent à tout piller et saccager. Dans l'autre appartement, où loge ma seconde femme, avec ses deux enfants, ils firent de même; ma femme, essayant de se cacher, un soldat la frappa brutalement et la jeta tremblante sur le parquet. Je levai les yeux vers les officiers pour les prier d'avoir pitié des femmes et des enfants, mais ils ne bougèrent pas, approuvant par leur silence les atrocités dont nous étions victimes. A l'étage supérieur, ils trouvèrent un coffre-fort qu'ils essayèrent d'ouvrir. Ne l'ayant pu, ils m'ordonnèrent de le faire. J'hésitai un peu. L'officier me menaçant de mort, je lui remis la clef, et il put ainsi ouvrir le coffre et emporter ce qu'il contenait, soit neuf cent cinquante livres égyptiennes (25.000 *francs), ainsi que tous les bijoux de ma seconde femme et de mes belles-filles, lesquelles étaient absentes ce jour-là.*

« Ils m'ordonnèrent ensuite de les conduire aux domiciles des cheikhs du village et m'y entraînèrent dévêtu. Ils y commirent, de même que dans les maisons de quelques autres habitants des plus notables, les mêmes actes de cruauté que chez moi.

« Puis ils donnèrent l'ordre à l'interprète d'annoncer que les Anglais allaient livrer le village aux flammes, mais que les habitants pouvaient emporter leur argent et leurs bijoux avant de partir. Hommes, femmes et enfants s'empressèrent de s'enfuir, mais le village était cerné par des soldats armés, qui se précipitèrent

sur les habitants et les dépouillèrent de tout ce qu'ils avaient sur eux. On fouilla les femmes, enlevant ou déchirant leurs chemises et les laissant parfois toutes nues; on se livra sur elles aux attouchements les plus obscènes, sous prétexte de faire des recherches. Je n'ai pas assisté moi-même à des viols, cependant en rentrant, j'ai été informé que les soldats anglais avaient violé quelques femmes; mais nos paysans, par souci de leur honneur et pour ne pas couvrir leurs familles d'une honte indélébile, refusent toujours d'avouer publiquement leur malheur.

Les soldats britanniques, en quittant ma maison, y avaient laissé quelques hommes. Or, je vis, d'un lieu rapproché, que ma maison était la proie des flammes, et mes parents m'informèrent que ce sont ces hommes qui avaient mis le feu après avoir tout pillé. Les soldats firent de même dans tout le village en se servant de la paille et des matières inflammables. Quand le feu ne prenait pas assez vite, ils avaient recours au pétrole, qu'ils prenaient dans les maisons mêmes. Ils tiraient sur ceux qui essayaient d'éteindre l'incendie. Le village étant composé de quatre quartiers, les soldats se transportaient de l'un à l'autre pour y accomplir leurs exploits. Ils arrêtèrent ensuite les cheikhs et le chef des gardiens et les firent prisonniers comme moi, après avoir pris leur argent et maltraité leurs femmes. Ils firent enfin main basse sur la volaille et l'emportèrent, etc..., etc...».

Le rapport de la Délégation égyptienne à la Conférence, rapport dont il n'a jamais été tenu compte, est rempli de dépositions de ce genre.

***

L'exaspération du peuple était à son comble et les autorités anglaises crurent calmer les esprits en libérant le Président de la Délégation et ses collègues de Malte, le 8 avril 1919. On leur accorda des passeports comme aux autres membres de la Délégation restés au Caire.

Mais la Conférence de la Paix leur ferma ses portes, le Président Wilson s'empressa de reconnaître le protectorat anglais sur l'Egypte et le Traité de Versailles mit la dernière main à ce crime qui asservit tout un peuple de treize millions d'âmes, avides de liberté et de progrès.

* * *

Les manifestations reprirent avec plus d'intensité et d'exaspération devant cette conspiration des grandes puissances, complices du crime perpétré en Egypte.

Alors, le Gouvernement anglais, croyant endormir le peuple égyptien, décida d'envoyer une mission d'enquête en Egypte, mission présidée par Lord Milner. Voici, d'après le Temps, la composition et le but de cette mission :

« On annonce officiellement que la mission Milner est arrivée en Egypte et va commencer immédiatement ses travaux.

Rappelons que cette mission est ainsi composée : Lord Milner, secrétaire d'Etat des Colonies, président; le général Sir John Maxwell, commandant en chef de l'armée d'Egypte en 1914-1915; Sir J. Rennell-Rodd, ancien ambassadeur de Grande-Bretagne à Rome; le général Sir Owen Thomas, membre du Parlement et expert dans les questions de l'agriculture tropicale; M. J.-A. Spender, rédacteur en chef de la

Westminster Gazette, libéral, et M. Hearst, expert légiste adjoint au Foreign Office.

Cette mission est chargée d'une enquête sur les causes des troubles récents en Egypte, sur la situation actuelle et sur le genre de Constitution qui, sous le régime du protectorat, serait la plus propre à favoriser la paix et la prospérité de l'Egypte ; le développement graduel des institutions autonomes et la protection des intérêts étrangers ».

* * *

Après beaucoup d'hésitation, la mission Milner arriva au Caire, le 7 décembre 1919.

Les Egyptiens, considérant avec entière raison que la question égyptienne est une question internationale et nullement une question intérieure britannique, boycottèrent Milner.

Après quelques mois de séjour inutile en Egypte, la mission rentra en Angleterre, soi-disant pour préparer son rapport.

* * *

Dernièrement, le 9 mars 1920, l'Assemblée Législative (qui est une représentation parlementaire incomplète), pour donner une réponse indirecte mais catégorique à la mission Milner, vota les décisions suivantes qui attestent solennellement les volontés du peuple égyptien.

Le Caire, le 9 mars.

« Les Membres de l'Assemblée Législative, dans l'impossibilité de se réunir dans le local de l'Assemblée, celle-ci n'ayant pas été convoquée depuis le début des hostilités, ont tenu séance aujourd'hui dans la *maison de Zagloul Pacha, siège du Comité local de la Délégation. A l'unanimité, ils ont voté les résolutions suivantes :*

« Ils considèrent nul et légalement non avenu le Protectorat proclamé par la Grande-Bretagne;

« Déclarent le territoire égyptien, Egypte et Soudan, indépendant, conformément aux principes du droit;

« Considèrent inopérante et inexistante toute atteinte portée contre cette indépendance;

« Protestent contre la suppression de l'Assemblée Législative et contre toutes lois et règlements publiés pendant cette suspension.

« Protestent contre toute atteinte portée contre la souveraineté du pays, les personnes, les biens, les libertés et les droits;

« Protestent contre le commencement de mise à exécution du projet d'irrigation du Soudan, demandent la suspension des travaux jusqu'à la solution de la question égyptienne, afin que ledit projet soit soumis en son temps au pouvoir représentatif. L'Egypte et le Soudan formant un tout indivisible, tout projet les concernant ne peut être exécuté sans l'approbation de la nation. Les intérêts du Soudan et de l'Egypte n'ayant pas été sauvegardés, ce projet profiterait uniquement aux intérêts étrangers, et spécialement aux capitalistes anglais. Cela, abstraction faite de toutes critiques techniques, économiques, politiques et même hygiéniques, qui ont été soulevées même par des techniciens anglais.

« Considèrent nul tout acte accompli par le Gouvernement du protectorat et portant atteinte à l'indépendance de l'Egypte ou contraire à son intérêt. Cet acte ne peut lier la nation seule maîtresse de ses destinées;

« Décident de communiquer les présentes résolutions à la Délégation Egyptienne, à la Présidence du Conseil, au Corps diplomatique, à la Presse, et au Secrétariat de l'Assemblée Législative;

« Adressent leurs remerciements au Président et aux Membres de la Délégation pour les services et les efforts précieux qu'ils ont rendus au pays ».

* * *

Pour parer à l'échec de sa mission en Egypte, Milner, dès son retour à Londres, fit convoquer officiellement la Délégation Egyptienne, résidant à Paris.

Après de longs pourparlers, Milner fit paraître dans le Times *du 23 août 1920, la teneur des suggestions qu'il soumettra au gouvernement britannique. Il reconnaît que l'Egypte est digne de l'indépendance, mais il entoure la déclaration d'indépendance de telles restrictions, que tout son effort d'enquête semble avoir été de chercher une formule nouvelle, au maintien d'un protectorat déguisé et renforcé. C'est pourquoi le peuple égyptien ne cessera jamais de réclamer par tous les moyens, son droit à la vie et à la liberté.*

L'Association Égyptienne de Paris.

CHAPITRE PREMIER

Événements de 1840

ÉVÉNEMENTS DE 1840

§ I.

ACTE SÉPARÉ, annexé à la Convention conclue à Londres le 15 Juillet 1840, entre les Cours d'Autriche, de Grande-Bretagne, de Prusse et de Russie d'une part, et la Sublime-Porte Ottomane, de l'autre.

« S. H. le Sultan a l'intention d'accorder et de faire notifier à Méhémet-Ali les conditions de l'arrangement ci-dessous :

I. — Sa Hautesse promet d'accorder à Mehemet-Ali pour lui et pour ses descendants en ligne directe, l'administration du Pachalik d'Égypte et Sa Hautesse promet en outre d'accorder à Mehemet-Ali, sa vie durant, avec le titre de pacha d'Acre et avec le commandement de la forteresse de Saint-Jean-d'Acre, l'administration de la partie méridionale de la Syrie, dont les limites seront déterminées par la démarcation suivante : cette ligne partant du cap Ras-el-Nakhare, sur les côtes de la Méditerranée, s'étendra de là directement jusqu'à l'embouchure de la rivière Seisebau, extrémité septentrionale du lac Tiberias, longera la côte occidentale dudit lac, suivra la rive droite du fleuve Jourdain et la côte occidentale de la mer Morte, se prolongera de là en droiture jusqu'à la mer Rouge, en aboutissant à la pointe septentrionale du golfe d'Akaba, et suivra la côte occidentale du golfe d'Akaba et la côte occidentale du golfe de Suez, jusqu'à Suez. Toutefois, en faisant ces offres, le Sultan y attache la condition que Mehemet-Ali les accepte dans l'espace de dix jours après que la communication lui en aura été faite à Alexandrie, par un agent de Sa Hautesse, et qu'en même temps Mehemet-Ali dépose entre les mains de cet agent les instructions nécessaires aux commandants de ses forces de terre et de mer de se retirer immédiament de l'Arabie et de toutes les villes saintes qui s'y trouvent situées, de l'île de Candie, du district d'Adana et de toutes les autres parties de l'Empire ottoman qui ne sont pas comprises dans les limites de l'Egypte et celles du pachalik d'Acre, tel qu'il a été désigné ci-dessus.

« II. — Si dans le délai de dix jours, fixé ci-dessus, Mehemet-Ali n'accepte pas le susdit arrangement, le Sultan retirera alors son offre d'administration viagère du pachalik d'Acre, mais Sa Hautesse consentira encore à accorder à Méhémet-Ali pour lui et ses descendants en ligne directe, l'administration du pachalik d'Egypte, pourvu que cette offre soit acceptée dans l'espace des dix jours suivants, c'est-à-dire dans un délai de vingt jours, à compter du jour où la communication lui aura été faite, pourvu qu'il dépose également entre les mains de l'agent du Sultan les instructions nécessaires pour que ses commandants de terre et de mer se retirent immédiatement en dedans des limites et dans les ports du pachalik d'Egypte.

« III. — Le tribut annuel à payer au Sultan par Mehemet-Ali sera proportionné au plus ou moins de territoire dont ce dernier obtiendra l'administration, selon qu'il accepte le premier ou le second ultimatum.

« IV. — Il est expressément entendu, de plus, que, dans la première comme dans la seconde alternative, Mehemet-Ali, avant l'expiration du terme fixé de dix ou vingt jours, sera tenu de remettre la flotte turque avec tous ses équipages et armements entre les mains du préposé turc qui sera chargé de la recevoir; les commandants des escadres alliées assisteront à cette remise.

« Il est entendu que, dans aucun cas, Mehemet-Ali ne pourra porter en ligne de compte, ni déduire du tribut à payer au Sultan, les dépenses pour entretien de la flotte ottomane pendant tout le temps qu'elle sera restée dans les ports d'Egypte.

« V. — Tous les traités et toutes les lois de l'Empire ottoman s'appliqueront à l'Egypte et au pachalik d'Acre, tel qu'il a été désigné ci-dessus, comme à toutes autres parties de l'Empire ottoman; mais le Sultan consent que, à condition du paiement régulier du tribut susmentionné, Mehemet-Ali et ses descendants perçoivent les taxes et impôts au nom du Sultan, comme délégués de Sa Hautesse dans les provinces dont l'Administration leur sera confiée; il est entendu en outre que, moyennant la perception des taxes et impôts susdits, Mehemet-Ali et ses descendants pourvoiront à toutes les dépenses de l'administration civile et militaire desdites provinces.

« VI. — Les forces de terre et de mer que pourra entretenir le pacha d'Egypte et d'Acre, faisant partie des forces de l'Empire ottoman, seront toujours considérées comme entretenues pour le service de l'Etat.

« VII. — Le présent acte séparé aura même force et valeur que s'il était inséré, mot à mot, dans la Convention de ce jour et les ratifications en seront échangées à Londres, en même temps que celles de la dite Convention.

« En fait de quoi, les plénipotentiaires respectifs l'ont signé et y ont apposé le sceau de leurs armes.

« Fait à Londres, le 15 juillet de l'an de grâce 1840 ».

---

§ 2.

Firman de 13 Février 1840

Constantinople, 21 zilhidje 1256
(13 février 1841).

A mon vizir Mehemet-Ali pacha, gouverneur d'Egypte, à qui Je confie à présent l'administration des provinces de Nubie, Darfour, Khordofan et Sennaar.

« Ainsi qu'il a été dit dans une autre ordonnance impériale, j'ai jugé à propos de te réintégrer dans le gouvernement de l'Egypte comprise dans ses limites connues et d'y ajouter l'hérédité sous certaines conditions. De plus, j'ai pris la gracieuse résolution de t'accorder, sans l'hérédité le gouvernement de Nubie, Darfour, Khordofan et Sennaar avec toutes leurs annexes situées hors des limites de l'Egypte et j'ai rendu à ce sujet une ordonnance impériale.

« Tu t'appliqueras donc, par suite de ton habileté et de ta sagesse, à administrer et à faire prospérer ces pays, conformément à mes instructions pleines de justice, et à assurer le repos et le bien-être de leurs habitants. Tu soumettras aussi à Ma Sublime-Porte une liste exacte des revenus annuels desdites provinces.

« Les incursions que les troupes ont coutume de faire, de temps en temps dans les villages des pays ci-dessus nommés, et par suite desquelles les individus jeunes et vigoureux des deux sexes sont faits captifs et restent entre les mains des soldats, en payement de leur solde, entraînent nécessairement la ruine et le dépeuplement de ces contrées et sont contraires à Notre sainte loi et aux maximes de la justice.

« Comme donc cet usage, ainsi que celui de réduire quelques-uns desdits captifs à la condition d'eunuques est, sous tous les rapports, opposé à Ma Volonté Impériale, et qu'en général de pareils actes de cruauté répugnent aux principes de justice et d'humanité que j'ai hautement proclamés dès Mon avènement au trône, tu aviseras avec la plus grande sollicitude aux moyens de les défendre sévèrement et de les abolir d'une manière définitive.

« Tous les officiers, soldats ou autres employés qui se trouvent en Egypte, à l'exception de certains individus qui s'y sont rendus avec Ma flotte, ayant été gracieusement pardonnés par Moi, tu auras à leur annoncer cette heureuse nouvelle.

« D'après ce qui est dit dans l'autre ordonnance impériale mentionnée ci-dessus, les officiers employés auprès de toi et qu'il s'agira de nommer à un grade supérieur à celui de kolaghassi (major) ne pourront être nommés qu'après qu'il en aura été référé à Ma Sublime-Porte.

« Toutefois, ceux qui se trouvent actuellement en service seront confirmés dans leur grade et tu auras à soumettre à Ma Sublime-Porte une liste de ces officiers, pour que l'on puisse publier et expédier leur firman de confirmation.

« Ma volonté impériale étant que tous ces divers points soient exécutés, tu devras t'empresser de t'y conformer exactement, et c'est à cette fin que, etc..., etc... »

*
* *

Telle était, en 1841, la situation de l'Egypte et du Soudan ».

Les actes que nous venons de reproduire ne constituent donc pas, comme le prétendait à tort M. de Villeneuve, dans une question qu'il adressait, en 1882, à M. de Freycinet, la « charte d'indépendance » de l'Egypte. L'Egypte et le Soudan sont deux provinces dont le gouvernement est concédé à Mehemet-Ali, à titre héréditaire pour la première, à titre viager pour la seconde. Elles formeront désormais un tout, qualifié par les firmans d'Egypte et territoires y annexés.

§ 3.

Hatti-Cherif du 13 Février 1841

« C'est avec une vive satisfaction que j'ai été informé de la soumission que tu viens de faire ainsi que des sentiments de fidélité, de dévouement et de loyauté que tu manifestes, tant envers Ma Personne Impériale que pour les intérêts de Mon Empire. Ces sentiments joints au zèle et à la sagesse dont tu es doué ainsi qu'aux connaissances et à l'expérience que tu as acquises par rapport aux affaires du pays placé depuis si longtemps sous ton administration Me sont garants que tu sauras mériter la bienveillance et la confiance que je veux te donner, c'est-à-dire que tu seras reconnaissant de Mes bienfaits et que tu t'appliqueras à transmettre ces sentiments à tes descendants. Dans cette conviction Je t'ai réintégré dans le gouvernement d'Egypte, d'après les limites tracées sur la carte qui t'a été envoyée par Mon grand Vizir et J'ai ajouté le privilège de l'Hérédité de ce gouvernement sous les conditions suivantes :

« Lorsque le gouvernement d'Egypte deviendra vacant, il sera confié à celui de tes enfants mâles qui sera préféré et choisi par Moi et le même principe sera suivi à l'égard de leurs enfants mâles. En cas d'extinction de ta descendance masculine, Ma Sublime-Porte confiera le gouvernement à quelqu'un autre et les enfants mâles issus de la ligne féminine n'y auront aucune espèce de droit. Celui de tes fils qui sera choisi pour te succéder dans le gouvernement de l'Egypte devra se rendre en personne à Constantinople pour y recevoir l'investiture. Les gouverneurs d'Egypte, bien que jouissant du privilège de l'hérédité seront assimilés aux autres vizirs, sous le rapport du titre et de la préséance, laquelle se règlera d'après l'ancienneté. Par conséquent, le cérémonial, les dénominations et les titres dont on se sert à l'égard des autres vizirs de Ma Sublime-Porte seront également applicables aux gouverneurs d'Egypte.

« Les dispositions salutaires de Mon hatti-chérif de Gulhané, ainsi que les lois administratives en vigueur ou à créer dans Mon Empire et tous les traités conclus ou qui pourront l'être entre Ma Sublime-Porte et des cours amies, seront de même exécutés entièrement en Egypte.

« Tous les revenus et impôts de l'Egypte seront perçus en Mon nom et pour que les habitants de l'Egypte qui font partie des sujets de Ma Sublime-Porte ne soient pas exposés à des avanies et à des perceptions irrégulières, les dîmes, droits et autres impôts y seront réglés d'après le même système suivi dans les autres provinces de Mon Empire.

« Le quart des revenus des droits de douane, dîmes et autres impôts, en Egypte, sera prélevé sans aucune déduction et versé au Trésor de Ma Sublime-Porte ; les trois quarts restant serviront à couvrir les frais de perception, de l'administration civile et militaire et de l'entretien du gouvernement ainsi qu'à payer le blé que l'Egypte doit envoyer chaque année aux villes saintes de la Mecque et de Médine. La qualité et le mode d'acquittement du tribut qui revient à Ma Sublime-Porte seront valables, tels qu'ils sont déterminés ici, pendant cinq ans à dater de l'an 1257 (22 février 1841). Ils pourront, par la suite être réglés d'une autre manière plus convenable à la situation future de l'Egypte et à la nature de nouvelles circonstances.

« Comme il est du devoir de Ma Sublime-Porte de connaître le montant annuel des revenus et de percevoir la dîme et les autres dispositions, et comme cet objet exige une commission de surveillance et de contrôle dans cette province, on y prendra ultérieurement à ce sujet les mesures que je ferai connaître par une ordonnance impériale.

« Le règlement si important des monnaies devant être fixé par Ma Sublime-Porte de manière à ne plus admettre aucune variation tant pour le titre que pour la valeur, les pièces d'or et d'argent qui seront frappées en Egypte en Mon nom et avec Ma permission impériale devront être égales à celles qui sortent de la Monnaie de Constantinople soit pour le titre, soit pour la forme et le module.

« En temps de paix, dix-huit mille hommes de troupe suffisant à la sécurité intérieure de l'Egypte, ce nombre ne pourra être dépassé. Toutefois, comme les forces de terre et de mer de l'Egypte sont entretenues pour le service de Ma Sublime-Porte, non moins que les autres forces de l'Empire, celle-ci pourra, en temps de guerre, augmenter le dit nombre dans la proportion qui sera jugée convenable.

« D'après le nouveau système de service militaire que j'ai adopté pour tout Mon Empire, les soldats, après avoir servi cinq ans, devant être remplacés par de nouveaux soldats, ce même système sera suivi en Egypte. Ainsi, sur les dernières recrues des troupes égyptiennes qui servent aujourd'hui, l'on choisira 20.000 hommes pour commencer le nouveau service, dont 18.000 seront gardés pour l'Egypte et 2.000 envoyés ici pour faire leur temps.

« Le cinquième de ces 20.000 hommes devant être remplacé chaque année, on prendra annuellement en Egypte 4.000 recrues, d'après le mode prescrit par le règlement militaire, au moyen du tirage au sort, et en procédant avec toute l'humanité, l'impartialité et la diligence requise : 3.600 hommes de ces recrues resteront dans le pays et 400 seront expédiés ici. Les soldats qui auront fini leur temps de service, soit en Egypte, soit ici, rentreront dans leurs foyers et ne pourront plus être requis une autre fois.

« Quoique le climat de l'Egypte puisse exiger une différence dans l'étoffe des habits militaires, cependant la coupe et la forme de leurs uniformes, ainsi que leurs nichams et drapeaux ne se distingueront en rien de ceux en usage dans les autres troupes de Ma Sublime-Porte. De même, les uniformes et nichams des officiers, matelots et soldats de la marine égyptienne, ainsi que le pavillon des bâtiments seront les mêmes que ceux d'ici.

« La nomination des officiers de terre et de mer, jusqu'au grade de kol-aghassi (major) inclusivement, appartiendra au gouvernement d'Egypte. Les grades supérieurs ne pourront être conférés que par Moi.

« Il ne sera pas permis, dorénavant, aux gouverneurs de l'Egypte de construire des bâtiments de guerre sans l'expresse permission de Ma Sublime-Porte.

« Le privilège de l'hérédité du gouverneur de l'Egypte étant soumis aux conditions ci-dessus énoncées, l'inexécution de l'une d'elles motivera le retrait immédiat de ce privilège.

« Telle est ma volonté impériale.

« Toi, ainsi que tes descendants, vous devrez apprécier avec reconnaissance cette insigne faveur impériale et exécuter scrupuleusement les conditions y établies. Vous aurez à protéger les habitants de l'Egypte contre toute violence et pourvoyant à leur sûreté et à leur bien-être et en vous gardant de contrevenir à mes ordres contenus dans le présent hatti-chérif et enfin faire connaître à Ma Sublime-Porte les affaires importantes du pays confié à ton gouvernement ».

CHAPITRE II

Firmans Postérieurs
à
Mehemet-Aly

FIRMANS POSTÉRIEURS A MEHEMET-ALY

§ I.

Firman du 8 Juin 1873 (à Ismaïl)

Constantinople, le 13 rébi-ul-akhir 1270.
(8 Juin 1873).

A Mon illustre Vizir Ismaïl Pacha, etc...

« Qu'il soit fait notoire que Nous avons pris ta demande en considération, et que Nous avons voulu réunir dans un seul firman tous les firmans et khats humayouns qui, depuis le firman qui accordait l'hérédité de l'Egypte à ton aïeul Mehémet-Ali, ont été octroyés aux Khédives d'Egypte, soit pour modifier le mode de succession, soit pour accorder à l'Egypte des immunités et privilèges nouveaux en harmonie avec les mœurs des habitants et le caractère et la nature du pays. Nous avons voulu que le présent firman, avec toutes les modifications et explications nécessaires qu'il renferme et les principes et règles qu'il établit, soit toujours exécutoire et respecté et remplace aussi à l'avenir les autres firmans impériaux, et cela ainsi qu'il suit :

« L'ordre de succession au gouvernement d'Egypte, accordé par Notre firman impérial, en date du 2 rebit-ul-ewel 1257, a été modifié de manière que le khédivat d'Egypte passât au fils aîné du khédive et après lui, à son fils aîné et ainsi des autres, c'est-à-dire que la succession soit par ordre de primogéniture, dans l'intérêt de la bonne administration de l'Egypte et du bien-être de ses habitants. D'un autre côté, comme J'ai constaté les soins que tu donnes à l'Egypte et les efforts que tu fais pour sa prospérité dont la grandeur et l'importance sont notoires à Mes yeux, ainsi que la fidélité et le dévouement dont tu m'as toujours donné des témoignages. Je t'ai accordé entièrement Mes bonnes grâces et Ma confiance, et pour t'en donner une preuve éclatante. J'ai voulu établir et J'établis comme loi de succession que le Khédivat d'Egypte et ses dépendances, ainsi que les caïmakamies de Souakim et de Massaouah avec leurs dépendances, passeront, comme il a été dit plus haut, à ton fils et après lui, conformément à la loi de primogéniture, aux fils aînés de ceux qui seront khédives. Au cas où celui qui serait khédive ne laisserait pas d'enfants mâles, le khédivat passerait à son frère puiné et dans le cas où son frère ne serait plus, au fils aîné de son frère puiné. Cette règle est établie d'une manière définitive et ne s'applique pas aux enfants mâles dans la ligne féminine.

« Afin d'assurer complètement la sécurité dans cet ordre de succession, la régence qui administrera l'Egypte en cas de minorité est réglée comme suit : à la mort du khédive, si son fils aîné est mineur, c'est-à-dire s'il est âgé de moins de dix-huit ans ; comme il sera réellement, quoique mineur, khédive par son droit à la succession, son firman sera immédiatement envoyé.

« Si le khédive défunt a durant sa vie, institué la régence dans un document qui doit être contresigné par deux hauts fonctionnaires portés comme témoins dans l'acte, le régent et les membres de la régence qui auraient ainsi été désignés prendront immédiatement en main l'administration des affaires et en informeront Ma Sublime-Porte, et Mon Gouvernement impérial confirmera le régent et les membres de la régence dans leurs fonctions. Si le khédive n'a pas pourvu à la régence pendant sa vie, celle-ci sera formée des personnes qui se trouvent à la tête des administrations de l'intérieur, de la guerre, des finances, des affaires étrangères, des conseils de justice, de l'armée et de l'inspection générale. Ils procèderont entre eux de la manière suivante à la nomination du régent : ces différents chefs d'administration éliront parmi eux celui qui sera régent; cette élection se fera soit à l'unanimité, soit à la majorité des voix. Au cas où des voix se porteraient en nombre égal sur deux personnes, celle qui occupe la fonction la plus importante, à commencer par l'administration de l'intérieur, sera élue régent, et les autres membres formeront le conseil de régence. Ils prendront en main l'administration des affaires et en donneront avis à Ma Sublime-Porte qui les confirmera dans leurs fonctions. Soit que le régent et les membres du Conseil de régence aient été institués par élection dans l'un comme dans l'autre cas, aucun des membres ne pourra être changé. Si l'un des membres de la régence vient à mourir, les membres suivivants choisiront et nommeront un autre fonctionnaire égyptien pour le remplacer. Si c'est le régent qui vient à mourir les membres du conseil choisiront son remplaçant parmi eux-mêmes et nommeront à la place que le nouveau régent occupait dans le Conseil un nouveau fonctionnaire égyptien. Lorsque le khédive mineur sera arrivé à l'âge de dix-huit ans, il sera considéré comme majeur et administrera par lui-même les affaires du Gouvernement.

« J'attache la plus haute importance à la prospérité de l'Egypte, au bien-être, à la tranquillité, à la sécurité de sa population, et comme ce sont des objets qui reposent sur l'administration civile et financière du pays ainsi que sur le développement des intérêts matériels et autres du pays qui seront du ressort du Gouvernement égyptien, Nous mentionnons comme suit, en les modifiant et en les élucidant, tous les privilèges que Mes firmans impériaux, soit anciennement, soit à nouveau, ont accordés au Gouvernement égyptien pour qu'ils soient possédés à toujours par les khédives qui se succéderont.

« L'administration civile et financière du pays et tous les intérêts matériels et autres sous tous les rapports sont du ressort du Gouvernement égyptien et lui sont confiés, et comme l'administration, le bon ordre de tout pays, le développement de la richesse et de la prospérité de la population proviennent de l'harmonie établie entre les faits, les relations générales, la condition et la nature du pays ainsi que le caractère et les mœurs des habitants, le khédive d'Egypte est autorisé à faire des règlements intérieurs et des lois toutes les fois qu'il sera nécessaire.

« Il est aussi autorisé à renouveler et à contracter, sans porter atteinte aux traités politiques de Ma Sublime-Porte, des conventions avec les agents des puissances étrangères, pour les douanes et le commerce et pour toutes les relations qui concernent les étrangers et toutes les affaires intérieures et autres du pays et cela dans le but de développer le commerce et l'industrie et de régler la police des étrangers, ainsi que leur situation et tous les rapports avec le gouvernement et la population.

« Le Khédive a la disposition complète et entière des affaires financières du pays, il a autorisation pleine et entière de pourvoir à tous les moyens et établissements de défense et de protection conformément aux nécessités du temps et des lieux et d'augmenter ou de diminuer selon le besoin sans qu'aucune limite lui soit imposée, le nombre de Mes troupes impériales d'Egypte.

« Le khédive conservera comme auparavant, le privilège de conférer des grades, dans l'ordre militaire, jusqu'au grade de colonel et, dans l'ordre civil, jusqu'au grade de rutbé sanieh. La monnaie qui sera frappée en Egypte doit être frappée en mon Nom impérial, les drapeaux des troupes de terre et de mer seront les mêmes que les drapeaux de mes autres troupes et autres bâtiments de guerre, les bâtiments blindés seuls ne pourront pas être construits sans Ma permission.

« Par Mon ordre Impérial reproduisant les dispositions ci-dessus, Je te fais remettre, par Mon Divan Impérial, le firman illustre orné en tête de Mes caractères Impériaux. Ce firman renferme et complète, en les étudiant et les modifiant tous les firmans ou khats impériaux qui ont été octroyés jusqu'à présent au gouvernement égyptien soit pour indiquer l'ordre de succession, la forme de succession, la forme de régence en cas de nécessité soit pour l'administration civile, militaire, financière, ainsi que les intérêts matériels et autres du pays.

« C'est en conformité de Ma volonté impériale que les règles et principes contenus dans ce firman doivent être observés, à toujours et à jamais exécutés en lieu te place de tous les autres contenus dans mes précédents firmans.

« Pour toi, conformément à ton caractère plein de droiture et de zèle et aux connaissances que tu as acquises de l'état de l'Egypte, tu exécuteras fidèlement les conditions stipulées de ce firman et tu feras tes efforts pour bien administrer le pays, pour assurer par tous les moyens possibles, la tranquillité des habitants et reconnaître par là Mes faveurs et Mes bontés impériales à ton égard.

« Tu apporteras aussi la plus grande attention à remettre chaque année sans retard et dans son entier à Mon trésor impérial les 150 mille bourses de tribut établi ».

§ II.

Firman du 7 Août 1879 (à Tewfik)

Constantinople, le 19 châban 1296.
(7 août 1879).

A mon vizir éclairé Tewfik pacha, appelé au Khédivat d'Egypte avec le haut rang de sedaret effectif et décoré de Mes ordres impériaux d'Osmanieh et de Medjidieh en brillants, que le Tout-Puissant perpétue en sa grandeur, etc...

« Ismaïl pacha, khédive d'Egypte, ayant été relevé de ses fonctions le 6 regeb 1296, en égard à tes services, à ta droiture et à ta loyauté tant à Notre personne qu'aux intérêts de Notre Empire, à ton expérience des affaires d'Egypte, à ta capacité pour réformer la mauvaise situation dont ce pays souffre depuis quelque temps et conformément à la règle établie à ce sujet par le firman de moharrem 1283, pour la transmission du khédivat par ordre de primogéniture de fils aîné en fils aîné, en ta qualité de fils aîné d'Ismaïl pacha, Nous te confions le khédivat d'Egypte tel qu'il se trouve formé par ses anciennes limites et en comprenant les territoires qui y sont annexés.

« L'accroissement de la prospérité de l'Egypte, et la consolidation de la sécurité et de la tranquillité de ses habitants constituent l'objet de Notre plus haute sollicitude. Nous avons rendu, il y a quelque temps, dans ce but un firman impérial qui confirmait aussi les privilèges anciens de cette contrée. Cependant quelques-unes des dispositions du susdit firman ayant donné lieu aux difficultés actuelles, en vue de confirmer ceux de ces privilèges qui doivent être maintenus intacts ou de corriger et améliorer ceux de ces privilèges qui ont paru nécessiter quelques modifications, nous avons fait insérer ci-après les dispositions suivantes :

« Tous les impôts de cette province seront perçus en Notre nom. Les habitants de l'Egypte étant Nos sujets et ne devant, comme tels, subir en aucun temps la moindre oppression, ni acte arbitraire, à cette condition, le khédive d'Egypte auquel est confiée l'administration civile et financière du pays, aura la faculté d'élaborer et d'établir d'une manière conforme à la justice tous règlements et lois intérieures nécessaires à cet égard.

« Le khédive sera autorisé à conclure et à renouveler, sans porter atteinte aux libertés politiques de Notre Empire, ni à ses droits souverains, les conventions avec les agents des Puissances étrangères pour les douanes et le commerce et pour toutes les transactions avec les étrangers concernant les affaires intérieures et, cela dans le but de développer le commerce, l'industrie et l'agriculture et de régler la police des étrangers et tous leurs rapports avec le gouvernement et la population, et la copie de ces conventions sera communiquée à Notre Sublime-Porte, avant leur promulgation par le khédive.

« Le khédive aura la disposition complète et entière des affaires du pays, mais il n'aura pas le droit de contracter des emprunts, sauf pour ce qui concerne le règlement de la situation financière présente, et sera parfaitement d'accord avec ses présents créanciers ou les délégués chargés officiellement de leurs intérêts.

« Le khédivat ne saura sous aucun prétexte, ni motif, abandonner à d'autres personnes en tout ou en partie les privilèges accordés à l'Egypte et qui lui ont été confiés et qui sont une émanation des prérogatives inhérentes au pouvoir souverain, ni aucune partie du territoire.

« L'administration égyptienne aura soin de payer régulièrement le tribut annuel fixé à 750.000 livres turques.

« La monnaie sera frappée en Egypte à Notre nom.

« En temps de paix, 18.000 hommes suffisent pour la garde intérieure de l'Egypte. Ce chiffre ne pourra pas être dépassé; cependant comme les forces égyptiennes de la terre et de mer sont destinées aussi au service de Notre Gouvernement, dans le cas où la Sublime-Porte se trouverait engagée dans une guerre, leur chiffre pourra être augmenté dans la proportion jugée convenable.

« Les drapeaux des forces de terre et de mer et les insignes des différents grades des officiers seront les mêmes que ceux de Nos armées.

« Le khédivat aura le droit de conférer directement des grades aux officiers de terre et de mer jusqu'à celui de colonel inclusivement, et aux employés civils jusqu'à celui de sanieh inclusivement.

« Le khédivat ne pourra, comme par le passé, construire de bâtiments blindés sans l'autorisation de Notre Gouvernement.

« Tu veilleras au strict maintien des conditions qui précèdent et qui, ayant été sanctionnées par Notre iradé impérial, ont été consignées dans Notre présent firman, orné de Notre autographe impérial, et qui te sera remis par l'un des principaux personnages de Notre Empire Ali Fuad bey, premier secrétaire de Notre cabinet impérial, décoré de Nos ordres impériaux d'Osmanieh et de Medjidieh. »

§ 3.

Firman de 1892 (à Abbas-Hilmi)

A mon vizir éclairé Abbas-Hilmi pacha, appelé au khédivat d'Egypte avec le haut rang de sédaret, décoré de Mes ordres impériaux du Médjidieh en brillants et de la première classe de l'Osmanieh, que le Tout-Puissant perpétue sa splendeur, etc., etc...

« Par suite des décrets de la Providence, le khédive Méhémet-Tewfik étant décédé, le khédivat d'Egypte avec les anciennes provinces indiquées dans le firman impérial en date du 2 rebi-ul-akhir 1257 A. H. (1er juin 1841) ainsi que sur la carte annexée audit firman et les territoires annexés en conformité du firman impérial en date du 15 zilhidjeh 1281 A. H. (11 mai 1865) a été conféré à Toi, en vertu de Mon iradé Impérial en date du 7 djémazi-ul-akhir 1309 (8 janvier 1892), comme témoignage de ma haute bienveillance et eu égard à Tes services, à Ta droiture et à Ta loyauté tant à Ma personne qu'aux intérêts de Mon Empire et à Tes connaissances par rapport à l'état général de l'Egypte et à Ta capacité reconnue pour le règlement et l'amélioration des affaires de l'administration de l'Egypte : à Toi qui es l'aîné du défunt khédive, conformément à la règle établie par le firman impérial du 12 moharrem 1283 (27 mai 1866) qui établit la transmission du khédivat par ordre de primogéniture de fils aîné en fils aîné.

« L'accroissement de la prospérité de l'Egypte

et la consolidation de la sécurité et de la tranquillité de ses habitants constituent à Nos yeux l'objet de Notre plus haute sollicitude, nous avions rendu, pour atteindre ce but louable, un firman impérial en date du 19 chaban 1296 (7 août 1879) qui, tout en conférant à Ton défunt père le khédivat d'Egypte, décrétait les dispositions suivantes :

« Tous les revenus du khédivat d'Egypte seront perçus en mon Nom impérial. Les habitants de l'Égypte étant mes sujets et ne devant comme tels, subir en aucun temps la moindre oppression ni acte arbitraire, à cette condition, le khédive d'Egypte auquel est confiée l'administration civile financière et judiciaire du pays, aura la faculté d'élaborer et d'établir d'une manière conforme à la justice, tous les règlements et lois intérieurs nécessaires à cet égard.

« Le khédive sera autorisé à conclure et à renouveler, sans porter atteinte aux traités politiques de Mon Gouvernement impérial ni à ses droits souverains sur ce pays, des conventions avec les agents des Puissances étrangères pour les douanes et le commerce et pour toutes les transactions avec les étrangers concernant les affaires intérieures, et cela dans le but de développer le commerce et l'industrie et de régler la police des étrangers et tous leurs rapports avec le Gouvernement et la population.

« Ces conventions seront communiquées à Ma Sublime-Porte, avant leur promulgation par le khédive.

« Le khédive aura la disposition complète et entière des affaires financières du pays, mais il n'aura nullement le droit de contracter les emprunts, sauf pour ce qui concerne exclusivement le règlement de la situation financière présente et en parfait accord avec ses présents créanciers ou les délégués chargés officiellement de leurs intérêts.

« Le khédive ne saura, sous aucun prétexte ni motif, abandonner à d'autres, en tout ou en partie, les privilèges accordés à l'Egypte et qui lui sont confiés, et qui font partie intégrante des droits inhérents au pouvoir souverain, ni aucune partie du territoire.

« L'aministration égyptienne aura soin de payer régulièrement le tribut annuel de sept cent cinquante mille livres turques.

« La Monnaie sera frappée en Egypte en Mon nom. En temps de paix dix-huit mille hommes de troupes suffisent pour la garde intérieure de l'Egypte. Ce chiffre ne doit pas être dépassé. Cependant comme les forces égyptiennes de terre et de mer sont destinées aussi au service de Mon Gouvernement, dans le cas où la Sublime-Porte se trouverait engagée dans une guerre, leur chiffre pourra être augmenté dans la proportion jugée convenable.

« Les drapeaux des forces de terre et de mer et les insignes des différents grades des officiers seront les mêmes que ceux de Mes armées.

« Le khédive aura le droit de conférer directement des grades aux officiers de terre et de mer jusqu'à celui de colonel inclusivement et aux emplois civils jusqu'à celui de sanieh inclusivement.

« Le khédive ne pourra, comme par le passé, construire des bâtiments blindés sans l'autorisation expresse de Mon Gouvernement.

« Tu veilleras au strict maintien des conditions qui précèdent et à ce qu'il n'arrive rien de contraire.

« En vue de l'accomplissement intégral des dispositions ci-dessus mentionnées, Mon présent firman impérial, orné de Mon autographe impérial, a été rendu et envoyé. »

Le 27 châban 1309.

CHAPITRE III

Événements de 1882
et
autour de 1882

ÉVÉNEMENTS DE 1882 ET AUTOUR DE 1882

SECTION A

DÉCLARATIONS D'HOMMES D'ÉTAT ANGLAIS ET PROTOCOLE DE DÉSINTÉRESSEMENT

§ 1.

Déclaration de Sir Henry Elliott

Dès 1873, sir Henry Elliott, ambassadeur de la Grande-Bretagne près la Sublime-Porte ottomane déclarait au Sultan :

« Aucun parti en Angleterre n'a le moindre désir de prendre possession de l'Egypte ». (No party in England has the slighest wish to take possession of Egypt). (V. Firmans granted by the Sultan to the viceroys of Egypt, 1882, p. 31).

§ 2.

Déclaration de Sir Edward Malet, Consul Général au Caire, au Sultan, 21 Septembre 1881.

(V. *Blue Book,* 9 sept.-4 octobre 1881)

« Le Gouvernement de Sa Majesté n'a en vue que le maintien de l'autorité souveraine de la Porte et des pouvoirs du Khédive. Il ne désire ni occuper, ni annexer l'Egypte. »

§ 3.

Lord Granville, Foreign Secretary, dépêche à Sir Ed. Malet, **4 Novembre 1881.**

(V. *Blue Book, ibid.*, et *Journal officiel égyptien*, 15 nov. 1881)

« La politique du Gouvernement de Sa Majesté n'a d'autre but que la prospérité et la pleine jouissance de cette liberté, que le khédive a obtenues en vertu de divers firmans. Notre désir est de maintenir l'Egypte dans l'indépendance administrative qui lui a été garantie par le Sultan. Le Gouvernement de Sa Majesté agirait à l'encontre des plus chères traditions de son histoire nationale s'il avait le désir de diminuer cette liberté. Le lien qui unit l'Egypte à la Porte est une importante sauvegarde contre une intervention étrangère. Si ce lien venait à se rompre, l'Egypte pourrait, dans un avenir rapproché, se trouver exposée elle-même, au danger d'ambitions rivales ».

§ 4.

Lord Granville, Foreign Secretary, déclaration à Musurus Pacha, **4 Octobre 1881.**

(V. *Blue Book*, 1881)

« En dépit de tous les bruits et de tous les soupçons, nous n'avons aucun désir de travailler à une occupation ou à une annexion de l'Egypte par l'Angleterre. Ce que nous désirons, c'est le maintien du statu quo et celui des droits du Sultan. »

§ 5.

Lord Granville, Foreign Secretary, déclarations à l'Ambassadeur de Russie à Londres, **19 Octobre 1881.**

(19 octobre 1881, v. *Blue Book,* 1881)

« Le Gouvernement de Sa Majesté n'a aucune visée personnelle. Son intention est le maintien du statu quo. »

§ 6.

Lord Dufferin, Ambassadeur d'Angleterre à Constantinople, déclaration au Sultan, **4 Novembre 1881.**

(V. *Blue Book,* 1881)

« Je déclarai au Sultan que, bien loin d'avoir des vues sur l'Egypte, notre seul désir était d'y maintenir le statu quo et que l'opinion publique en Angleterre était unanime sur ce point. J'ajoutai que je n'ignorais pas que le Sultan suspectât nos intentions, mais que c'était grand dommage qu'il se livrât à des craintes aussi fantastiques. »

§ 7.

Lord Granville, Foreign Secretary, dépêche à Lord Lyons, **30 Janvier 1882.**

(V. *Blue Book* 5 nov. 1881-6 février 1882)

« Le Gouvernement de Sa Majesté a de fortes objections à faire à une occupation de l'Egypte par l'Angleterre qui soulèverait l'opposition de l'Egypte et de la Turquie. L'intervention turque ou celle des Puissances est le procédé le plus désirable pour le règlement de la question. »

§ 8.

Lord Lyons, Ambassadeur d'Angleterre à Paris, déclaration à M. de Freycinet, **2 Février 1882.**

(V. *Livre Jaune*, 1882)

« Le Gouvernement de Sa Majesté répugne à toute action militaire en Egypte. »

§ 9.

S. M. la Reine Victoria, discours du Trône, **7 février 1882.**

(V. le *Times*)

« J'userai de toute mon influence pour maintenir dans un sens favorable à une bonne administration du pays et à un sage développement de ses institutions, les droits établis soit par les firmans, soit par les différentes Conventions internationales ».

§ 10

Lord Granville, Foreign Secretary, déclaration à M. Tissot, **20 mars 1882.**

(V. *Blue Book* et *Livre Jaune*, 1882)

« Le Gouvernement de Sa Majesté est d'accord avec le Gouvernement français pour éviter la nécessité d'une intervention active ou d'une occupation militaire en Egypte. »

§ 11.

PROTOCOLE DE DÉSINTÉRESSEMENT

(Signé par toutes les Puissances y compris l'Angleterre à la Conférence de Constantinople, 25 Juin 1882).

« Les Gouvernements représentés par les soussignés s'engagent, dans tout arrangement qui pourrait se faire par suite de leur acte concerté pour le règlement des affaires de l'Egypte, à ne chercher aucun avantage territorial, ni la concession d'aucun privilège exclusif ni aucun avantage commercial pour leurs sujets que ceux que toute autre nation ne puisse également obtenir. »

§ 12.

Lord Granville, Foreign Secretary, circulaire aux Puissances, 10 juillet 1882.

(V. *Blue Book*, 1882)

« L'action de l'amiral Seymour sera restreinte à la défense légitime sans aucune arrière-pensée de la part du Gouvernement britannique. »

§ 13.

Lord Granville, Foreign Secretary, dépêche à Lord Dufferin, 11 juillet 1882.

(V. *Blue Book*, 1882)

« L'Angleterre ne poursuit en Egypte ni un but intéressé, but qui ne s'accorderait pas avec les intérêts de l'Europe, ni un but contraire aux intérêts du peuple égyptien. »

§ 14.

Sir Charles Dilke, Foreign under-Secretary, déclaration à M. Tissot, 18 juillet 1882.

(V. *Livre Jaune*, 1882)

« Les troupes de débarquement auront pour unique mission le maintien de l'ordre à Alexandrie. »

§ 15.

Gladstone, premier ministre, déclaration à la Chambre des Communes, 24 juillet 1882.

(V. *Livre jaune*, 1882, 3 juillet 1882)

« La Grande-Bretagne n'a aucune visée ambitieuse en Egypte. Elle n'y envoie de troupes que pour rétablir l'ordre et rendre au khédive l'autorité qu'il a perdue. Elle a l'intention formelle de soumettre au concert européen le règlement définitif de la question égyptienne. »

§ 16.

Lord Granville, Foreign Secretary, dépêche à Lord Dufferin, 2 août 1882.

(V. *Blue Book,* 1882)

« Le Gouvernement de Sa Majesté a l'honneur de faire connaître à la Conférence qu'une fois le but militaire visé atteint, il réclamera le concours des puissances pour les mesures à prendre en vue du futur et bon gouvernement de l'Egypte ».

§ 17.

Gladstone, premier ministre, discours au banquet du lord-maire, 9 août 1882.

(V. le *Times*)

« Je l'atteste hautement devant le monde civilisé, les intérêts de l'Angleterre en Egypte ne sont pas particuliers; ils sont communs au monde entier. L'Angleterre ne va en Egypte que pour délivrer le peuple de l'oppression et de la tyrannie militaires. L'Angleterre va en Egypte, les mains nettes, sans dessein secret. Elle n'a rien à cacher aux autres nations. Elle a le droit de réclamer leur confiance et leur sympathie. »

§ 18.

Gladstone, premier ministre, déclaration à la Chambre des Communes, 12 août 1882.

(V. le *Times*)

« Nous n'avons nullement l'intention d'occuper l'Egypte. S'il est une chose que nous ne ferons pas, c'est bien celle-là. Ce serait agir en complet désaccord avec les principes professés par le Gouvernement de Sa Majesté, avec les promesses qu'il a faites à l'Europe, et, ajouterai-je, avec la manière de voir de l'Europe elle-même. »

§ 19.

Gladstone, premier ministre, déclaration à la Chambre des Communes, **16 août 1882.**

(V. *Livre jaune*, 1882, page 31)

« Nous ne nous occuperons jamais de l'Egypte qu'avec le désir d'y favoriser le développement d'institutions qui lui donneraient, en tenant compte des divers droits existants, internationaux et autres, tous les avantages d'un self-gouvernement local. Dès que l'ordre sera rétabli, nous soumettrons la question égyptienne à l'Europe. La conférence pourra et devra reprendre ses séances, dès que les événements lui auront suffisamment préparé la besogne. »

§ 20.

Lord Granville, Foreign Secretary, circulaire aux Ambassadeurs, **août 1882.**

(V. *Memorial diplomatique*, 1er septembre 1882)

« Circulaire de lord Granville, aux ambassadeurs de la Reine à l'étranger, les priant d'insister auprès des divers Gouvernements sur le désintéressement de l'Angleterre et sur sa détermination de ne pas régler les questions d'Egypte et du canal de Suez, sans la coopération des Puissances. »

§ 21.

Lord Dufferin, Ambassadeur d'Angleterre à Constantinople, déclaration à Saïd Pacha, **16 septembre 1882.**

(V. *Blue Book*, 1882)

« L'envoi de troupes turques est inutile. Le Gouvernement de Sa Majesté se dispose déjà à rappeler une partie de ses troupes. »

§ 22.

Lord Granville, Foreign Secretary, déclaration au général Menabrea, septembre 1882.

(V. *Correspondenza verde,* 1881-1882)

« L'Angleterre n'entend ni établir son protectorat, ni imposer sa volonté en Egypte. »

§ 23.

M. Dodson, Président of the local gouvernment Board, discours de Scarborough, 2 octobre 1882.

(V. le *Times*)

« Le Gouvernement de Sa Majesté n'a jamais eu l'intention de rester en Egypte un seul jour de plus qu'il ne sera nécessaire. Il espère que, sous peu, le Gouvernement indigène pourra être établi. L'Angleterre n'a pas besoin d'établir sa domination en Egypte ni d'annexer le pays. Ce qu'elle désire, c'est rendre l'Egypte aux Egyptiens. »

§ 24.

Gladstone, premier ministre, déclaration à la Chambre des Communes, 14 novembre 1882.

(V. le *Times*)

« Les effectifs des troupes britanniques ont été réduits, depuis le 4 novembre, à 12.000 hommes, l'occupation n'est que provisoire et le Gouvernement de Sa Majesté en déterminera prochainement les conditions, d'accord avec le Gouvernement égyptien. »

§ 25.

Chamberlain, Président of the Board of Trade, discours d'Asthton-under-Lyne, 19 décembre 1882.

(V. le *Times*)

« Je ne perdrai pas mon temps à démentir l'intention qu'on prête au Gouvernement de vouloir maintenir un protectorat perpétuel en Egypte. Ce serait préparer d'amers regrets à nos descendants que d'aller créer une nouvelle Irlande en Orient. Une fois l'ordre établi, nous nous retirerons. L'acquisition de Chypre, il est vrai, est de date trop récente pour ne pas éveiller quelques doutes sur notre désintéressement. Mais tout ce qui tend à séparer la France de l'Angleterre est un malheur pour les deux pays et nous devons tout faire pour satisfaire notre grand voisin. Ce que nous désirons, c'est assurer à l'Egypte l'ordre, la prospérité et l'indépendance. »

§ 26.

Lord Granville, Foreign Secretary, circulaire aux Ambassadeurs, **3 janvier 1883.**

(V. *Blue Book,* 1883)

« Bien que les forces britanniques soient, quant à présent, maintenues en Egypte, pour assurer la tranquillité publique, le Gouvernement de Sa Majesté est désireux de les rappeler aussitôt que l'état du pays et l'organisation de ses propres moyens pour le maintien de l'autorité du khédive permettront de le faire. »

§ 27.

S. M. la reine Victoria, discours du Trône, **15 février 1883.**

(V. le *Times*)

« Toutes les obligations internationales seront respectées en Egypte. »

§ 28.

Gladstone, premier ministre, déclaration à la Chambre des Communes, **5 mars 1883.**

(V. le *Times*)

« Nous ne prolongerons pas l'occupation de l'Egypte au delà de la période durant laquelle la présence des troupes y sera absolument nécessaire. D'autres nations ont des droits et des intérêts aussi grands que ceux de l'Angleterre en Egypte et le gouvernement de Sa Majesté ne connaît pas d'intérêts anglais qui soient séparés des intérêts généraux des nations civilisées, ou qui doivent être poursuivis dans un but égoïste et étroit.»

§ 29.

Gladstone, premier ministre, déclaration à la Chambre des Communes, 6 août 1883.

(V. le *Times*)

«Le Gouvernement de Sa Majesté n'a pas oublié ses promesses et les troupes britanniques ne resteront pas sur les bords du Nil un seul jour de plus qu'il ne sera nécessaire.»

§ 30.

Gladstone, premier ministre, discours au banquet du lord-maire, 8 août 1883.

(V. le *Times*)

«Nous sommes allés en Egypte sans aucune vue égoïste, notre seul désir étant de hâter les réformes de ce pays. Le jour où elles seront accomplies, nous quitterons l'Egypte. Aussi, tous les ministres désirent-ils voir la réalisation de ces réformes s'accomplir le plus vite et avec le plus de succès possible.»

§ 31.

Gladstone, premier ministre, déclaration à la Chambre des Communes, 9 août 1883.

(V. le *Times*)

«Le Gouvernement de Sa Majesté n'a jamais songé à annexer l'Egypte. Ce serait porter atteinte à l'honneur de l'Angleterre.»

§ 32.

Sir Charles Dilke, Foreign under-Secretary, déclaration à la Chambre des Communes, 9 août 1883.

(V. le *Times*)

« Le Gouvernement de Sa Majesté est opposé à l'annexion de l'Egypte à tout ce qui y ressemblerait, tant par fidélité à ses promesses solennelles, que par souci des intérêts de l'Angleterre ».

§ 33.

Sir William Harcourt, Home Secretary, discours de Derby, 15 avril 1884.

(V. le *Times*)

« L'Angleterre n'a nulle intention d'annexer l'Egypte et ne se reconnaît aucun droit de le faire. Ce serait une mesure impolitique. L'annexion de Chypre a été regrettable. Ni annexion, ni protectorat ! Nous évacuerons l'Egypte dès que la sécurité et la tranquillité y seront assurées. »

§ 34.

Lord Granville, Foreign Secretary, déclaration à M. Waddington, 16 juin 1884.

(V. *Livre jaune*, 1884)

« Rien ne saurait plus clairement démontrer les vues du Gouvernement de Sa Majesté que la circulaire que j'ai adressée aux représentants de Sa Majesté près les cours des Grandes Puissances, le 3 janvier 1883. C'est dans cette dépêche soumise au Parlement anglais, communiquée aux Puissances et à la Sublime-Porte, que la déclaration fut faite que le Gouvernement de Sa Majesté était désireux de retirer les forces britanniques, dès que le permettraient la situation du pays et l'organisation des moyens convenables pour assurer l'autorité du khédive. Le Gouvernement de Sa Majesté a maintenu et maintient sa déclaration. C'est avec regret qu'il a vu les circonstances s'opposer au développement des mesures prises en vue de cette évacuation. Mais le Gouvernement de Sa Majesté, afin d'écarter toute espèce de doute à l'endroit de sa politique en cette affaire, s'engage à retirer ses troupes, au commencement de l'année 1888, à condition que les puissances seront d'avis que l'évacuation peut se faire sans compromettre la paix et l'ordre en Egypte. »

§ 35.

Gladstone, premier ministre, déclaration à la Chambre des Communes, 23 juin 1884.

(V. le *Times*)

« Nous prenons l'engagement de ne pas prolonger notre occupation militaire en Egypte au-delà du 1er janvier 1888, si les Puissances déclarent alors que l'état du pays permet notre départ, sans risque pour l'ordre de l'Egypte. Si nous avions l'intention de paralyser l'action des Puissances par notre résistance, lorsque le moment sera venu de s'exécuter, si nous avions de pareilles idées, il n'y aurait plus à parler de l'honneur de notre pays. »

§ 36.

Lord Granville, Foreign Secretary, déclaration à Hassan Fehmi pacha, 8 février 1885.

(V. *Blue Book,* 1883)

« Le Gouvernement de Sa Majesté a l'intention formelle de se retirer de l'Egypte pour des raisons politiques et financières. »

§ 37.

***Gladstone, premier ministre, déclaration à la Chambre des Communes,* 15 février 1885.**

(V. le *Times*)

« Le Gouvernement est résolu à ne pas rester au Soudan un jour de plus qu'il ne sera nécessaire. »

§ 38.

***Lord Kimberley, Secretary for India, déclaration à la Chambre des Lords,* 27 février 1885.**

(V. le *Times*)

« Nous quitterons l'Egypte dès qu'un Gouvernement stable y sera établi. Aucun Gouvernement anglais ne pourrait avouer à la face de l'Empire une politique différente. Si nous déclarions que nous sommes disposés à annexer une grande partie du Soudan oriental, nous nous obligerions à maintenir au Soudan une forte armée, dans un but tout à fait disproportionné aux sacrifices nécessaires. »

§ 39.

***Sir Michaël Hicks Beach, chancelier de l'Echiquier, déclaration à la Chambre des Communes,* 5 août 1885.**

(V. le *Times*)

« L'Angleterre n'a nullement l'intention de s'éterniser en Egypte. Le seul but du Gouvernement de Sa Majesté est de préparer ce pays à l'indépendance. »

§ 40.

***Gladstone, premier ministre, manifeste électoral,* 18 septembre 1885.**

(V. le *Times*)

« L'Angleterre doit se retirer de l'Egypte

aussitôt que l'honneur britannique le permettra. Nous n'admettons jamais qu'il puisse être question d'annexion, de protectorat ou même de prolongation indéfinie de l'occupation anglaise et nous répudions toute idée de compensation quelconque pour les efforts et les sacrifices que nous avons faits jusqu'à ce jour. La politique anglaise en Egypte est fondée sur une erreur et ce qu'il y a de mieux à faire en un tel cas, c'est de mettre promptement fin à une pareille intervention. »

§ 41.

Lord Salisbury, premier ministre, déclaration à M. Waddington, 3 novembre 1886.

(V. *Livre jaune,* 1886)

« On se trompe grandement chez vous lorsqu'on croit que nous voulons rester indéfiniment en Egypte. Nous ne cherchons qu'à en sortir honorablement. Nous sommes décidés à évacuer. »

§ 42.

Lord Salisbury, premier ministre, discours au banquet du lord-maire, 9 novembre 1886.

(V. le *Times*)

« De l'aveu de tous les ministres qui se sont succédés depuis quatre ans, l'occupation anglaise du Delta est destinée à prendre fin et les paroles dont l'Europe prend acte ont pour effet d'empêcher la prescription de s'établir. »

§ 43.

Lord Salisbury, premier ministre, déclaration à la Chambre des Lords, 10 juin 1887.

(V. le *Times*)

« Le Gouvernement de Sa Majesté, en vertu de ses engagements antérieurs et des règles du droit des gens, ne croit pas pouvoir placer l'Egypte sous son protectorat. Son rôle doit se borner à s'entendre avec la Porte pour défendre les Etats du khédive contre des calamités politiques et pour maintenir le statu quo dans la vallée du Nil. Une convention a été conclue à cet effet avec la Turquie. Elle dispose que l'occupation anglaise cessera dans trois ans.»

§ 44.

Sir Henry Drummond Wolff, envoyé extraordinaire à Constantinople, déclaration au Grand Vizir, **1887.**

(V. *Blue Book*, nº 2, 1887)

« Le Gouvernement de Sa Majesté a démenti toute intention d'annexer l'Egypte ou d'y établir un protectorat. Plus d'une fois, on a suggéré l'idée que l'Angleterre devait occuper l'Egypte à titre permanent, mais cela eût été la violation de la politique traditionnelle de l'Angleterre la violation de ses engagements envers le Sultan et la violation du droit international.»

§ 45.

Lord Salisbury, premier ministre, discours au banquet du lord-maire, 10 août 1887.

(V. le *Times*)

« L'issue des négociations de Constantinople ne modifie en rien les devoirs de la Grande-Bretagne.»

§ 46.

Sir James Fergusson, Foreign under-Secretary, déclaration à la Chambre des Communes, 2 août 1887.

(V. le *Times*)

« L'échec des négociations anglo-turques ne libère nullement l'Angleterre des engagements pris envers les Puissances et qui s'engagent à son respect.»

§ 47.

Sir James Fergusson, Foreign under-Secretary, déclaration à la Chambre des Communes, 1er novembre 1888.

(V. le *Times*)

« Il ne s'agit quede se tenir à Souakim sur une défensive sérieuse et non d'entreprendre une politique de conquête. »

§ 48.

W. H. Smith, First lord of the Treasury, déclaration à la Chambre des Communes, 1er décembre 1888.

(V. le *Times*)

« Nous pouvons entrevoir dans un avenir très prochain l'évacuation de la vallée du Nil tout entière. »

§ 49.

Lord Salisbury, premier ministre, déclaration à la Chambre des Lords, 12 août 1889.

(V. le *Times*)

« Nous ne pouvons proclamer notre protectorat sur l'Egypte ni notre intention d'une occupation effective et perpétuelle. Ce serait manquer aux engagements internationaux souscrits par l'Angleterre. »

§ 50.

Lord Salisbury, premier ministre, discours au banquet du lord-maire, 9 novembre 1891.

V. le *Times*)

« Notre but principal n'est pas de couper le lien qui unit l'Egypte à l'Empire ottoman. Loin de là, nous désirons maintenir l'Egypte dans sa position légale actuelle, dans sa position vis-à-vis de l'Empire ottoman définie par les traités et les firmans. Nous avançons vers ce but. Nous espérons vivement l'atteindre bientôt. »

§ 51.

Sir Charles Dilke, Ex-Foreign under-Secretary, discours de Sidney, **11 janvier 1892.**

(V. le *Times*)

« L'Angleterre a pris l'engagement d'évacuer l'Egypte aussitôt qu'un gouvernement stable s'y serait établi. Aujourd'hui le moment est venu d'évacuer non seulement parce que nous l'avons promis, mais parce que c'est notre intérêt de le faire. C'est l'occupation de l'Egypte qui a conduit le Gouvernement à céder Héligoland, à trahir les Hovas à Madagascar et à sacrifier les droits des colons à Terre-Neuve. »

§ 52.

Lord Dufferin, Ambassadeur à Paris, déclaration à M. Develle, 25 janvier 1893.

(V. *Blue Book*, 1893)

« L'augmentation de la garnison anglaise en Egypte n'implique aucune modification des assurances qu'a données à diverses reprises le Gouvernement de Sa Majesté au sujet de l'évacuation de l'Egypte, ni aucun changement politique. »

§ 53.

Lord Kimberley, Secretary for India, déclaration à la Chambre des Lords, **31 janvier 1893.**

(V. le *Times*)

« L'envoi des renforts en Egypte ne modifie nullement la position de l'Angleterre à l'égard de ce pays ».

§ 54.

Sir Henry Campbell Bannerman, War Secretary, déclaration au Neues Wiener Journal, 9 octobre 1894.

(V. *Neues Wiener Journal*)

« L'occupation de l'Egypte n'est que temporaire. Notre intention est de l'évacuer aussitôt qu'elle sera capable de se gouverner et que sa situation à l'égard du Soudan sera assurée. Nous ne saurions rester indéfiniment en Egypte sans violer nos plus solennels engagements et rendre notre caractère méprisable aux yeux de l'Europe. »

§ 55

Sir Charles Dilke, Ex-Foreign under-Secretary, conférence à l'Institut de Morkhan Square, 14 octobre 1895.

(V. le *Times*)

« L'occupation de l'Egypte est une source de faiblesse pour l'Angleterre. Comme nous n'avons aucun intérêt pour nous y maintenir, il n'y a aucune raison pour ne pas évacuer le pays. »

§ 56.

Lord Salisbury, premier ministre, déclaration à M. de Courcel, 12 octobre 1898.

(V. le *Livre jaune*, 1898)

« La vallée du Nil a appartenu et appartient toujours à l'Egypte. »

§ 57.

Lord Salisbury, premier ministre, déclaration à la Chambre des Lords, 6 février 1899.

(V. le *Times*)

« Nous n'avons nullement l'intention de discuter les titres de notre allié le khédive ni de commettre aucune injustice à son égard. »

SECTION B

Discours prononcé par M. Georges Clemenceau, le 19 juillet 1882 à la Chambre des Députés.

Séance du 19 juillet 1882 à la Chambre des Députés.

M. Georges Clemenceau. — Il y a une observation que je suis obligé de faire : c'est que ceux-mêmes qui contestent qu'il y avait une politique républicaine, doivent connaître qu'il y a une politique, de quelque nom qu'on l'appelle— je l'appellerai volontiers une politique démocratique — qui s'attache plus aux conquêtes morales qu'aux conquêtes matérielles; une politique qui croit que la guerre est une hérésie économique où le vainqueur souffre autant que le vaincu; qui croit que quand une civilisation supérieure vient à se superposer à un rudiment de civilisation, au lieu de chercher l'exploitation de l'homme par l'homme, au lieu de chercher la domination, il faut s'efforcer de fondre un ordre basé sur les principes de droit et de justice, aussi bien dans le domaine politique que dans le domaine économique et social. C'est parce que cette politique a été la politique de la première République, en dépit des crises effroyables qu'elle a traversées, c'est parce que nous avons particulièrement représenté dans le monde les principes de justice universelle — passez-moi le mot — reconnaissant qu'il y avait des devoirs de nation à nation comme il y a des devoirs d'homme à homme, et que les nations avaient vis-à-vis les unes des autres des devoirs de justice dont elles ne pouvaient pas se départir sans un grand dommage pour l'ordre européen, c'est à cause de cela que notre pays avait acquis dans le monde, à ce moment et qu'il n'a pas encore perdu, en dépit de nos fautes, une haute réputation morale qui lui avait valu les sympathies de tous les peuples. C'est ce qu'exprimait admirablement un grand homme d'Etat du XVIIIe siècle, Jefferson, quand il prononçait cette parole que je suis très fier que mon pays ait pu mériter : « Tout homme a deux patries, la sienne et la France. »

Messieurs, je sais bien que ceux qui ne contesteraient pas d'une façon générale, les promesses de cette discussion telle que je viens de les poser, me disent aujourd'hui : Prenez-y garde ! Il y a deux sortes de races dans le monde : il y a celles à qui l'on peut appliquer les principes que vous réclamez et celles qu'il faut mener avec la cravache et le bâton.

Eh bien, j'ai précisément demandé la parole pour protester contre cette théorie qui consiste à introduire dans l'humanité, au moment où il disparaît de la science, le principe de l'immutabilité de l'espèce.

N'est-il pas étrange que l'on recommence à parler des races au moment où elles se mêlent de plus en plus et où l'unité de leur caractère paraît singulièrement compromise? La vérité c'est qu'il y a des peuples qui rêvent de domination universelle, soit par la propagande des idées, soit par la conquête matérielle, il y a le pangermanisme, il y a le panslavisme, le panislamisme, il y a des théories de races latines, il y a encore la théorie anglaise qui nous a été exposée hier d'une façon d'ailleurs inexacte. Cette théorie, les

Anglais se sont bien gardés de jamais la formuler, de l'ériger en doctrine politique. Ils ne l'ont pas osé, si quelqu'un d'eux le faisait, on ne manquerait pas de lui rappeler que l'Angleterre a eu l'honneur d'avoir des hommes d'Etat comme Wilberforce, dont la vie toute entière est une énergique protestation contre de telles doctrines, et qu'aujourd'hui même elle peut-être fière d'un de ces ministres, M. Bognt, qui s'est honoré par sa conduite récente à propos des affaires d'Alexandrie.

La vérité c'est que beaucoup d'Anglais sont persuadés de la supériorité de la race Anglo-Saxonne, au point de croire qu'elle est seule capable de liberté et que les autres races doivent être livrées aux différentes formes du despotisme plus ou moins mitigé qui se sont répandues dans le monde.

On a parlé du Canada : je suis allé au Canada, je l'ai habité et j'ai vu des Anglais qui appelaient la race vaincue, les Français, une race inférieure.

Il faut bien prendre garde, quand on prétend établir une délimitation plus ou moins artificielle entre deux races, qu'il ne se trouve quelqu'un pour rejeter dans la race inférieure ceux-là même qui sont la distinction.

Si on voulait absolument faire une division entre les diverses races, je dirais qu'il existe deux races : les races qui sont incapables de travailler : celles-là sont condamnées, elles doivent disparaître et en fait elles disparaissent, ainsi que les Peaux-Rouges d'Amérique. En second lieu, les races susceptibles de discipline et de travail; celles-là seront forcément sauvées. Tout peuple qui travaille sera racheté par la puissance émancipatrice du travail. Sans doute ces peuples peuvent d'abord être exploités par des conquérants, par des aventuriers qui viendront s'emparer de leur sol. Mais j'ai dit qu'ils arriveront à créer un régime économique qui, grâce au progrès de la civilisation, forcera leurs exploiteurs à composer avec eux. Ils passeront ainsi de l'état d'esclavage ou de l'état de servage à la condition de salarié européen qui poursuivent eux aussi leur émancipation économique et sociale, incomplète encore mais à laquelle ils doivent arriver par les réformes économiques que la République leur doit.

Croit-on que les habitants de l'Egypte soient inférieurs aux esclaves nègres des plantations de l'Amérique? Je les ai vus ces hommes, ils paraissaient absolument incapables d'éducation et cependant aujourd'hui délivrés de l'esclavage, l'Amérique n'a pas craint d'en faire des citoyens. Ils remplissent dignement leurs fonctions publiques et savent très bien faire respecter leurs droits. Je ne veux pas entrer dans des considérations ethnographiques sur la race égyptienne, ce n'est pas ici le lieu, mais il est certain *que cette race dont nous voyons des échantillons remarquables parmi nous*, dans nos écoles, est une race *tranquille, docile*, trop docile pourrait-on dire à certains moments, — mais *susceptible d'éducation, d'application, de travail, une race dont assurément, il y a lieu d'attendre beaucoup.*

On ne peut pas venir à cette tribune, on ne viendra pas dans le parlement de la République dire que ces hommes sont incapables de civilisation, incapables de s'affranchir et que nous n'avons d'autres devoirs envers eux que de les mener par la courbache et le bâton. Je vais plus loin; alors même qu'ils ne seraient pas susceptibles d'affranchissement ils sont encore *suscep-*

libles de justice. Alors même qu'ils ne pourraient pas s'élever jusqu'à comprendre les conditions de justice politique, économique et sociale, qui sont nécessaires à l'existence d'une société, nous aurions le devoir de leur imposer ce même régime, en vertu de notre supériorité, en laissant à l'éducation le soin de faire son œuvre de civilisation et de progrès.

Assurément, si le but de l'alliance anglaise, telle qu'on nous l'a dépeinte, et qu'on voudrait la pratiquer, était d'organiser avec nous l'asservissement de l'exploitation violente des races dites inférieures, je la répudierais bien haut, et je dirais à nos prétendus alliés, à nos complices devrais-je dire, *que je refuse ma part de responsabilité dans une aussi condamnable entreprise.*

SECTION C

Lettre de Gladstone a Mustapha Pacha Kamel, publiée dans *Les Débats* et dans *Le Figaro* en date du 3 février 1896.

J'éprouve de la sympathie pour les sentiments qu'on vous professez en votre qualité d'Egyptien, tels, du moins, que je les comprends. Mais je n'ai absolument aucune influence.

Mes opinions ont toujours été les mêmes : nous devons sortir de l'Egypte après avoir accompli, avec honneur et au profit de ce pays, l'œuvre pour laquelle nous y sommes allés. Autant que je puis m'en rendre compte, le moment de l'évacuation était arrivé il y a quelques années.

Quand j'étais dernièrement au pouvoir, j'ai espéré que les autres gouvernements me viendraient en aide pour le règlement de cette importante affaire. Les démarches de M. Waddington en 1892 m'encouragèrent dans cette espérance mais dans la suite aucune sanction à nos prévisions ne fut donnée à ces démarches. Pour quelle raison ?

Je n'en sais rien.

Je me suis expliqué au Parlement, en 1893, et je n'ai rien à ajouter à mes explications, sinon que j'étais disposé à faire de mon mieux pour leur donner une conclusion. Depuis je me suis entièrement retiré du gouvernement. Je ne suis plus maintenant qu'un simple citoyen de mon pays.

J'ai l'honneur d'être votre bien dévoué.

W.-E. Gladstone.

SECTION D

Déclarations de Sir Eldon Gorst

Dans une interview accordée au Dr Nimr., directeur du *Mokattam* (1) le 24 octobre 1908, celui-ci s'adressant à Sir Eldon Gorst lui dit :

« Le bruit a couru que la Grande Bretagne se proposait sous peu de proclamer son protectorat sur l'Egypte ou d'annexer l'Egypte à l'Empire. Me permettez-vous de vous demander si cette rumeur est ou non sans fondement ? »

Sir Eldon Gorst répondit :

« Ce bruit n'a aucun fondement et je vous autorise à le démentir formellement. La Grande-Bretagne s'est liée par des accords officiels avec la Turquie et avec les Puissances européennes. Elle s'est engagée à respecter la suzeraineté du Sultan en Egypte. Elle respectera ses engagements qu'elle a d'ailleurs renouvelés au moment de l'accord franco-anglais. L'Angleterre a répété dans cet accord qu'elle n'avait pas l'intention de rien changer au statut politique de l'Egypte. Ni le peuple anglais, ni le gouvernement ne désirent s'affranchir de ces engagements. »

(1) L'interview en question a été reconnu exact par Sir E. Grey devant la Chambre des communes.

SECTION E

DÉCLARATIONS DE LORD CROMER

Lord Cromer, dans son rapport du 3 mars 1907, Egypte N° 1 (1907), page, 2 déclare :

« Il y a des objections insurmontables à la déclaration d'un protectorat britannique en Egypte. Cette mesure impliquerait un changement dans le statut politique du pays. Or, dans l'article premier de la Convention franco-anglaise du 8 avril 1904, le Gouvernement anglais a déclaré explicitement qu'il n'était pas dans ses intentions de rien changer à ce statut. »

CHAPITRE IV

Évènements de 1914
et
Proclamation
du Protectorat Britannique

EVÉNEMENTS DE 1914 ET PROCLAMATION DU PROTECTORAT BRITANNIQUE

§ 1.

Déclarations de M. Lloyd George

Le 10 novembre 1914, le Premier Ministre, M. Lloyd George, appelait le monde en témoignage du désintéressement absolu de la Grande-Bretagne dans cette guerre. « Aussi vrai que le Seigneur est vivant, déclarait-il, l'Angleterre ne convoite pas un pouce de territoire. Nous sommes en guerre, disait-il, par pure chevalerie pour défendre les faibles. »

Le 27 février 1915, M. Lloyd George proclamait également que toute insinuation contre l'Angleterre lui reprochant de chercher aucun gain territorial ou autre « était un mensonge infâme de l'ennemi. »

§ 2.

Lettre de l'Ambassadeur britannique à Washington, Sir Cecil Spring Rice, à M. J. Bryan, Secrétaire d'État aux Affaires Étrangères des États-Unis.

AMBASSADE BRITANNIQUE
WASHINGTON.

18 Décembre 1914.

N° 434.

Monsieur,

J'ai l'honneur de vous communiquer conformément aux instructions reçues de mon Gouvernement, afin que vous en preniez connaissance, la copie ci-jointe d'un télégramme relatant que le Gouvernement de Sa Majesté estime que la suzeraineté turque sur l'Egypte a pris fin et qu'il a conseillé au Roi de placer l'Egypte sous sa protection.

Veuillez agréer, Monsieur, l'assurance de ma très haute considération.

CECIL SPRING RICE.

A l'honorable W. J. Bryan, Secrétaire d'Etat, etc., etc., etc...

Texte du télégramme britannique

Vous avez à communiquer ce qui suit au Gouvernement auprès duquel vous êtes accrédité :

« Vu l'état de guerre entre l'Egypte et la Turquie et dont celle-ci est la cause, le Gouvernement de Sa Majesté considère que la suzeraineté turque sur l'Egypte a pris fin, et il a conseillé à Sa Majesté de placer l'Egypte sous sa protection et de faire adopter toutes les mesures nécessaires à la sécurité des habitants, à la défense du pays, et à la protection des divers et nombreux intérêts étrangers qui existent dans le pays. Des notifications officielles ont été faites, à cet effet, à Londres et au Caire. L'agression turque n'ayant été aucunement provoquée a empêché par cela même toute discussion sur cette question avec les puissances, mais le Gouvernement de Sa Majesté n'a pas l'intention d'empiéter sur les intérêts étrangers et désire agir en parfait accord avec les Puissances en faisant les changements touchant à leurs intérêts, changements rendus inévitables par l'agression de la Turquie.

« Cependant, le Gouvernement Egyptien rendra un décret khédivial stipulant que les tribunaux consulaires et étrangers continueront à exercer en Egypte leur juridiction habituelle dans la limite dans laquelle les arrangements à prendre par les autorités militaires pour le maintien de l'ordre public ne sont pas incompatibles. Vous ajouterez que le Gouvernement de Sa Majesté a désigné un Haut-Commissaire pour l'Egypte qui sera également le ministre des Affaires Erangères du gouvernement égyptien et à cet effet le Gouvernement de Sa Majesté demande que le Gouvernement auprès duquel vous êtes accrédité ait l'obligeance de donner des instructions à son représentant du Caire afin qu'il adresse dorénavant toutes les communications officielles au Haut-Commissaire en sa qualité de ministre des Affaires Etrangères. »

§ 3.

Extrait du " Journal officiel " Égyptien, Extraordinaire du Vendredi 18 Décembre 1914. — N° 170.

PROCLAMATION

Le Principal Secrétaire d'Etat de Sa Majesté Britannique pour les Affaires Etrangères annonce que, vu l'état de guerre résultant de l'action de la Turquie, l'Egypte a été placée sous la protection de Sa Majesté et constituera dorénavant un Protectorat Britannique.

La suzeraineté de la Turquie sur l'Egypte cesse ainsi d'exister, et le Gouvernement de Sa Majesté prendra toutes les mesures nécessaires pour la défense de l'Egypte et pour la protection de ses habitants et de ses intérêts.

Le Caire, le 18 décembre 1914. (*Traduction*).

§ 4.

Extrait du " Journal officiel " Égyptien, Extraordinaire du Samedi 19 Décembre 1914. — N° 171.

PROCLAMATION

Le Principal Secrétaire d'Etat de Sa Majesté Britannique pour les Affaires Etrangères annonce que, vu l'action de Son Altesse Abbas Hilmi Pacha, ex-khédive d'Egypte, qui a fait cause commune avec les ennemis de Sa Majesté, le Gouvernement de Sa Majesté a décidé de le déposer du Khédivat, et cette dignité, avec le titre de Sultan d'Egypte a été offerte à Son Altesse le Prince Hussein Kamel Pacha, l'aîné des Princes de la famille de Mehemet Aly, et a été acceptée par lui. (*Traduction*).

Le Caire, le 19 décembre 1914.

§ 5.

COMMUNICATION TRANSMISE A SON ALTESSE LE SULTAN DE LA PART DU GOUVERNEMENT BRITANNIQUE.

Extrait du " Journal officiel " Égyptien, Extraordinaire du Samedi 19 Décembre 1914. — N° 172.

A SON ALTESSE LE PRINCE HUSSEIN KAMEL PACHA.

Monseigneur,

Je suis chargé par le Principal Secrétaire d'Etat de Sa Majesté Britannique pour les Affaires Etrangères d'attirer l'attention de Votre Altesse sur les circonstances qui ont précédé l'état de guerre entre Sa Majesté Britannique et le Sultan de Turquie, et sur les changements que cette guerre entraîne dans la situation de l'Egypte.

Au sein du Cabinet Ottoman deux partis s'étaient formés. D'un côté un parti modéré soucieux de la sympathie que la Grande-Bretagne a toujours manifestée pour les réformes en Turquie. Ce parti a reconnu que la guerre dans laquelle Sa Majesté était déjà engagée ne lésait aucun des intérêts ottomans, et a tenu compte de l'assurance donnée par Sa Majesté et ses Alliés qu'ils ne tireraient de cette guerre aucun prétexte à des actes nuisibles aux dits intérêts, ni en Egypte, ni ailleurs. De l'autre côté une bande d'aventuriers militaires peu scrupuleux qui voyaient dans une guerre d'agression entreprise de concert avec les ennemis de Sa Majesté le moyen de réparer les désastres militaires, financiers et économiques qu'ils avaient déjà causés à leur pays. Nonobstant des violations répétées de leurs droits, Sa Majesté et ses Alliés ont conservé jusqu'au dernier moment l'espoir que de sages conseils pourraient prévaloir et ils se sont abstenus de toutes représailles jusqu'au jour où ils s'y sont trouvés contraints d'un côté par la violation de la frontière égyptienne par des bandes armées et de l'autre par des attaques sans provocation aucune contre les ports ouverts russes de la partdes forces navales ottomanes sous le commandement d'officiers allemands.

Le Gouvernement de Sa Majesté possède des preuves pertinentes que dès le début de la guerre contre l'Allemagne, Son Altesse Abbas Hilmi Pacha, ex-khédive d'Egypte, a fait définitivement cause commune avec les ennemis de Sa Majesté.

Par ces faits mêmes le Sultan et l'Ex-Khédive se trouvent tous deux déchus en faveur de Sa Majesté de tous droits sur l'Egypte.

Le Gouvernement de Sa Majesté par l'entremise du Général Commandant en Chef les forces de Sa Majesté en Egypte a pris la responsabilité exclusive à la défense de ce pays durant la guerre actuelle. Il reste à définir la forme du Gouvernement futur du pays ainsi libéré des droits de suzeraineté et autres auxquels a jusqu'ici prétendu le Gouvernement Ottoman.

Le Gouvernement de Sa Majesté s'estime le dépositaire pour le compte des habitants de l'Egypte aussi bien des droits ainsi échus à Sa Majesté que de ceux exercés en Egypte pendant ces trente dernières années de réformes. Le Gouvernement de Sa Majesté a donc décidé que la Grande Bretagne remplira pour le mieux les responsabilités qu'elle a assumées envers l'Egypte par la proclamation formelle du Protectorat Britannique et par le gouvernement du pays, sous l'égide de ce protectorat, par un Prince de la famille khédiviale.

Dans ces conditions, je suis chargé par le Gouvernement de Sa Majesté de faire connaître à Votre Altesse qu'en raison de Son âge et de Son expérience elle a été reconnue comme le plus digne parmi les princes de la famille de Mehemet Ali d'occuper la position khédiviale avec le titre de Sultan d'Egypte; et en invitant Votre Altesse à accepter les responsabilités de cette dignité, je suis chargé de lui donner l'assurance formelle que la Grande-Bretagne assume la plus entière responsabilité pour la défense contre toutes agressions quelle qu'elle soit et d'où qu'elle vienne des territoires relevant de Votre Altesse, et je suis autorisé par le Gouvernement de Sa Majesté à annoncer qu'à partir de la déclaration du Protectorat Britannique tout sujet égyptien en quelque lieu qu'il se trouve, aura droit à la Protection du Gouvernement de Sa Majesté.

La disparition de la suzeraineté ottomane comporte celle des restrictions jusqu'ici édictées par les firmans ottomans sur le nombre et l'organisation des forces militaires de Votre Altesse et sur l'octroi par Votre Altesse de distinctions honorifiques.

En ce qui concerne les Affaires Étrangères, le Gouvernement de Sa Majesté estime plus conforme aux nouvelles responsabilités de la Grande-Bretagne que les relations entre le Gouvernement de Votre Altesse et les représentants des puissances étrangères soient entretenues par l'intermédiaire du représentant de Sa Majesté au Caire.

Le Gouvernement de Sa Majesté a maintes fois déclaré que les Traités connus sous le nom de Capitulations et qui lient le Gouvernement de Votre Altesse ne sont plus en harmonie avec l'état de développement du pays; mais dans l'opinion du Gouvernement de Sa Majesté la révision de ces Traités sera avantageusement remise jusqu'à la fin de la guerre.

Quant à l'administration intérieure de l'Égypte, je suis chargé de rappeler à Votre Altesse que le Gouvernement de Sa Majesté s'inspirant de la politique traditionnelle de la Grande-Bretagne s'est efforcée, de concert avec les autorités constituées du pays, et par leur intermédiaire, de garantir la libertéindividuelle; de répandre les bienfaits de l'instruction; de développer les ressources naturelles du pays; et à mesure que le sens politique du peuple se développera, d'associer les gouvernés au gouvernement. Le Gouvernement de Sa Majesté est résolu de rester fidèle à cette politique : il est même convaincu que la définition plus nette de la position de la Grande Bretagne en Egypte hâtera le progrès vers l'autonomie.

Les croyances religieuses des sujets égyptiens seront respectées de la façon la plus scrupuleuse, comme le sont celles des propres sujets de Sa Majesté à quelque confession qu'ils appartiennent. Il n'est pas besoin d'assurer à Votre Altesse qu'en déclarant l'Egypte libérée de toute allégeance envers les usurpateurs actuels du pouvoir politique à Constantinople, le Gouvernement de Sa Majesté n'est animé d'aucun sentiment d'hostilité envers le Califat. Toute l'histoire de l'Egypte démontre, du reste, que la loyauté des Musulmans égyptiens envers le

Califat est indépendante des liens politiques entre l'Egypte et Constantinople.

L'œuvre d'assurer l'affermissement et le progrès des institutions musulmanes en Egypte, tout en intéressant au plus haut degré le Gouvernement de Sa Majesté, fera la préoccupation de Votre Altesse, et dans l'élaboration des réformes que cette œuvre comporte, Elle pourra compter sur l'appui sympathique du Gouvernement de Sa Majesté. Je n'ai plus qu'à ajouter que le Gouvernement de Sa Majesté s'en rapporte avec confiance à la loyauté, au bon sens et à la modération des sujets égyptiens pour faciliter la tâche du Général Commandant les forces de Sa Majesté en Egypte qui est actuellement chargé de maintenir l'ordre intérieur du pays, et d'empêcher l'ennemi d'y trouver assistance.

Je saisis cette occasion pour présenter à Votre Altesse l'assurance de mon respect le plus profond.

MILNE CHEETHAM.

(*Traduction*).

Le Caire, le 19 décembre 1914.

§ 6.

Extrait d'un Article du " Times "

Du « Times » dans son numéro du 19 *décembre* 1914 :

« Tout ce que nous désirons à l'heure actuelle, c'est de protéger l'Egypte contre une attaque et d'assurer sans friction le fonctionnement de l'administration intérieure. Le reste peut attendre jusqu'à la signature de la paix, ainsi que Lord Cromer le sous-entend dans la lettre que nous publions aujourd'hui.

« Il ne s'agit en l'espèce que d'une mesure administrative pratique, qu'imposait l'entrée en scène de la Turquie parmi les belligérants. »

§ 7.

Lettre de Sa Majesté le Roi Georges V au Sultan Hussein Kamel.

Sa Majesté le roi George V dans une lettre adressée au Sultan Hussein à l'occasion de sa nomination par le Gouvernement Britannique, lettre qui fut reproduite par le « *Times* » à la date du 21 décembre 1914, disait textuellement :

« J'ai la conviction que vous serez capable, avec la coopération de vos ministres et le protectorat de la Grande-Bretagne de dominer toutes ces influences qui s'appliquent à détruire l'indépendance de l'Egypte. »

§ 8.

Memorandum juridique sur le Protectorat anglais, par un juriste français.

Le protectorat de l'Angleterre sur l'Egypte a été établi par une proclamation du principal Secrétaire de S. M. britannique aux Affaires Etrangères, publiée au *Journal Officiel Egyptien*, affichée sur les murs du Caire, le 18 décembre 1914, et déclarant que « vu l'état de guerre résultant de l'attitude de la Turquie, l'Egypte a été placée sous le protectorat de S. M. et constituera, dorénavant, un protectorat britannique; que la suzeraineté de la Turquie sur l'Egypte cesse ainsi d'exister, et que le Gouvernement de S. M. prendra toutes les mesures nécessaires pour la défense de l'Egypte et pour la protection de ses habitants et de ses intérêts. »

Le lendemain, une autre proclamation annonçait que « vu l'action de Son Altesse Abbas Hilmi Pacha, ex-khédive d'Egypte qui a fait cause commune avec les ennemis de S. M., le Gouvernement de S. M. a décidé de le déposer du Khédivat, et cette haute dignité, avec le titre de Sultan d'Egypte, a été offerte à S. A. le Prince Hussein Kamel Pacha, l'aîné des Princes de la famille de Mehemet Aly et a été acceptée par lui. »

A cette proclamation était jointe une dépêche du représentant par intérim de la Grande-Bretagne en Egypte, adressée au nouveau Sultan, et déclarant en termes très généraux, les vues du Gouvernement de S. M. quant à la nécessité et à la nature du nouveaur Protectorat. Cette dépêche, assez étendue, précisait que « en ce qui concerne les Affaires Etrangères, le Gouvernement de S. M. estime plus conforme aux nouvelles responsabilités de la Grande-Bretagne, que les relations entre le Gouvernement de S. A. et les représentants des Puissances étrangères soient entretenus par l'entremise du représentant de S. M. au Caire; « et en ce qui concerne l'administration intérieure « que le Gouvernement de S. M. entend s'efforcer, de concert avec les autorités constituées du pays, et par leur entremise, de garantir la liberté individuelle, de répandre les bienfaits de l'instruction, de développer les ressources naturelles du pays et à mesure que le sens politique du peuple se développera d'associer les gouvernés au Gouvernement. »

*
* *

Bien que l'un des traits essentiels du protectorat, soit l'étroite association dans les relations extérieures du protecteur et du protégé, association marquée par la réunion dans une même personne, le ministre résident, des deux fonctions d'Agent Diplomatique représentant l'état protecteur et de ministre des Affaires Etrangères de l'Etat protégé, puis, subsidiairement, le contrôle par le protecteur de l'administration intérieure du protégé, on ne saurait ici trouver que l'embryon d'un protectorat. Mais, surtout, on ne saurait ici trouver la caractéristique essentielle du protectorat qui, rapport librement formé entre deux états, de civilisation différente mais d'indépendance égale, n'institue le contrôle de l'un d'eux, le plus avancé, sur l'autre, qu'avec son assentiment formel. Pas de protectorat sans un traité qui l'institue.

Le traité Franco-Tunisien du 12 mai 1881, le traité Franco-Tunisien du 8 juin 1883, complémentaire du premier, le traité Franco-Marocain de Fez du 30 mars 1912 marquent par une illustration très nette que, dans le droit des gens, il n'est pas de protectorat sans l'accord mutuel du protecteur et du protégé. La déclaration unilatérale est insuffisante à fonder le protectorat. Cette doctrine est d'autant plus certaine que le Gouvernement français ne cesse, présentement, de l'opposer au gouvernement espagnol. Dans la zone espagnole du protectorat français du Maroc, le Gouvernement espagnol se prétend investi d'un protectorat semblable à celui de la France. Mais, faisant observer à l'Espagne qu'elle ne tient de droits sur sa zone que de la France, en vertu du traité de Madrid du 27 novembre 1912, la France s'oppose à ce que, dans la zone espagnole, l'Espagne se constitue un protectorat séparé. Le protectorat, déclare la France, ne peut émaner que de la volonté de deux puissances : le protecteur et le protégé. L'objection a tant de force que, du côté britannique, on ne pouvait la passer sous silence, mais, ne pouvant directement y répondre, on essaie de donner le change en la présentant sous cette forme approximative que, dans l'usage, aucun protectorat ne se crée sans un statut détaillé, fixant les droits et les devoirs du protecteur au regard du protégé.

Dans une récente étude *The British Protectorate of Egypt*, sir Malcolm Mac Illwraith n'a pas hésité à rappeler que dans un memorandum du Ministre de la Justice, daté du Caire 8 février 1915, six semaines par conséquent après la brusque institution du Protectorat, et adressé au résident britannique, il avait demandé que le protectorat dût être sans retard organisé et défini : « Si, écrivait-il, dans le cas de protectorat nouvellement déclaré, tels que ceux de Tunis et du Maroc, on devait considérer comme essentiel d'organiser minutieusement le contrôle à exercer par l'Etat protecteur, non seulement sur les Affaires Étrangères, mais sur l'administration générale, *a fortiori* une telle organisation devait sembler désirable au cas d'un pays où elle existait en fait dans une forme embryonaire, plus ou moins imparfaite, depuis plus de trente ans. » Et sans doute, il ajoute qu'avec la guerre, en ce moment aux frontières, la loi martiale proclamée dans le pays, les grandes anxiétés financières et les grandes incertitudes d'avenir, les « éléments turbulents de la communauté » étaient maintenant réduits au silence, ce qui diminuait dans de grandes proportions la difficulté, mais que, ces obstacles écartés, il deviendrait nécessaire de donner au contrôle britannique une base plus définie, sans quoi le gouvernement du pays, loin de devenir plus aisé sous le régime nouveau du Protectorat, deviendrait plus difficile. Mais, bien qu'une telle déclaration soit de nature à donner une certaine confiance dans le sens politique de son auteur, elle ne saurait déplacer le vrai terrain de la question : il ne s'agit pas de constater que le protectorat de l'Angleterre sur l'Egypte est établie dans une proclamation trop brève pour fixer d'une manière satisfaisante le statut juridique du protecteur et du protégé; on ne peut hésiter à dire, de la manière la plus nette, que le protectorat constitué sur l'Egypte de la seule volonté de l'Angleterre, ne présente aucune valeur, en droit international. Sans le consentement de l'Etat, on ne peut coloniser que par voie d'occupation, mais l'Egypte ne saurait être considérée comme une *res nullius*. Quant à l'assentiment donné par le nouveau Sultan, après la déposition du premier, il ne saurait avoir pour effet de lier le gouvernement égyptien, puisque l'Etat protecteur lui-même, en l'appelant au pouvoir, l'a placé dans une impossibilité absolue de représenter l'Egypte, à son égard, d'une manière libre et indépendante.

CHAPITRE V

Événements de 1918, 1919 et 1920
et
Délégation Egyptienne

ÉVÉNEMENTS DE 1918, 1919 ET 1920 ET DÉLEGATION EGYPTIENNE

---

§ 1.

Lettre de Saad Zagloul pacha à Sir Reginald Wingate, Haut-Commissaire de S. M. Britannique.

Le Caire, le 3 décembre 1918.

A Son Excellence,
Sir F. Reginald Wingate,
Haut Commissaire de Sa Majesté Britannique.

Excellence,

J'ai l'honneur d'accuser réception à Votre Excellence de la lettre du 1er décembre courant qui m'a été adressée par son secrétaire particulier, en réponse à la mienne du 29 novembre relative aux permis de voyage requis pour les membres de la Délégation Egyptienne.

Ladite lettre relate que Votre Excellence est disposée à recevoir des suggestions écrites sur le régime gouvernemental égyptien pourvu qu'elles ne soient pas incompatibles avec la ligne de conduite déjà adoptée par le Gouvernement de Sa Majesté Britannique.

En réponse, je me permets de faire savoir à Votre Excellence qu'il n'est loisible, ni à moi-même ni à aucun membre de la Délégation de faire des propositions qui ne soient pas conformes à la volonté de la Nation Égyptienne exprimée dans les mandats qui nous ont été délivrés. Je dois mettre en vue que ces mandats qui ont été signés avec empressement par une grande partie de l'élite de la nation comprenant les membres de l'Assemblée Législative et des autres organes représentatifs auraient absorbé l'unanimité des suffrages, si les autorités n'étaient intervenues pour en empêcher la circulation et les confisquer.

Notre voyage pour l'Angleterre n'a spécialement pour objet que de nous mettre en rapport avec les hommes politiques, les représentants de la nation et autres personnages dirigeant l'opinion publique anglaise dont l'influence sur les décisions gouvernementales est incontestable. C'est à cette opinion surtout que nous désirons nous adresser, persuadés que le succès de notre cause dépendra en grande partie de l'esprit de justice, de liberté et de sauvegarde des intérêts des faibles qui la caractérise.

Votre Excellence remarquera que, dans ces conditions, il nous est impossible d'arriver à notre but au moyen de simples communications faites uniquement en Egypte, la cause que nous défendons devant être exposée au préalable à l'opinion publique anglaise qui a évidemment besoin, pour être éclairée, d'en recueillir les détails par le canal des représentants naturels et autorisés de la Nation Égyptienne.

L'impossibilité dans laquelle nous avons été mis de partir rend illusoire et inopérante la mission que nous avons assumée en exécution de la volonté du pays, et il est difficile de concilier cette situation avec les principes de liberté et de justice dont la victoire de la Grande-Bretagne et de ses Alliés a ouvert les voies pour le bien de l'humanité et les justes revendications des peuples.

Veuillez agréer, Excellence, l'assurance de ma haute considération.

Le Vice-Président élu de l'Assemblée Législative,

Président de la Délégation Egyptienne,

Signé : SAAD ZAGLOUL.

§ 2.

Lettre de Saad Zagloul pacha à M. Lloyd George.

Le Caire, le 4 décembre 1918.

A Son Excellence,
M. Lloyd George, Premier Ministre,
Downing Street,
Londres.

Excellence,

Il se passe en Egypte des faits qui sont tellement en opposition avec les traditions de liberté et de justice de la Grande-Bretagne et avec la politique libérale dont Votre Excellence a toujours été le champion, que les Égyptiens arrivent à se demander si les principes que dans leurs déclarations de tous les jours les hommes d'Etat de l'Empire ne cessent de proclamer ne regardent que certaines fractions de l'Humanité à l'exclusion d'autres moins favorisées.

Votre Excellence admet-elle que la voix de tout un pays ne puisse se faire entendre alors que de tous côtés retentit l'appel des peuples en faveur de leurs droits à l'existence et à la libre disposition de leurs destinées?

Votre grand pays permet-il, qu'alors qu'il vient de sortir avec triomphe d'une lutte qu'il n'avait engagée que pour la Liberté, on vienne en son nom porter la plus grave atteinte à cette même Liberté?

L'Egypte consciente de ses droits et de ses devoirs, a tenu à éclairer elle-même l'opinion anglaise sur sa véritable situation et à lui faire l'exposé de ses aspirations nationales dont elle attend de sa justice l'entière réalisation,

Or, non seulement les Autorités ont interdit la circulation de mandats donnant à la députation qui s'est formée dans ce but, procuration de défendre la cause de l'Egypte, mais on cherche aussi à mettre des obstacles au départ de cette députation pour l'Angleterre

C'est vouloir, en quelque sorte, dresser entre l'opinion anglaise et nous un rempart à la faveur duquel il sera difficile qu'elle se renseigne auprès des sources les plus naturelles.

Au nom de la Délégation Egyptienne je signale ces faits à la haute appréciation de Votre Excellence.

Le Vice-Président élu de l'Assemblée Législative

Président de la Délégation Egyptienne

Signé : SAAD ZAGLOUL.

§ 3.

Lettre adressée à S. A. le Sultan, par S. E. Hussein Ruchdi Pacha, Président du Conseil des Ministres.

(Le 23 décembre 1908)

Altesse,

A la date du 13 novembre 1918, j'adressai à votre Altesse le rapport suivant :

« Les événements se précipitent, les négociations de paix vont s'ouvrir et il va être procédé au règlement de toutes les questions soulevées par la guerre. Il est du plus haut intérêt que les vues de Votre Altesse et celles de Son Gouvernement sur le sort politique de l'Egypte soient exposées directement au Gouvernement de Sa Majesté Britannique. Je propose à Votre Altesse de confier cette mission à moi et à mon collègue Adly Pacha.

« Pendant notre absence, Sirry Pacha ferait mon intérim à la Présidence du Conseil des Ministres, Saroit Pacha, mon intérim au Ministère de l'Intérieur, et l'intérim de Adly Pacha au Ministère de l'Instruction Publique serait fait par Ziwer Pacha. »

Sur l'approbation de Votre Altesse, j'en donnai communication au Gouvernement Britannique par l'intermédiaire de S. E. le Haut-Commissaire.

La réponse que je reçus m'amena à donner ma démission dans les termes ci-après :

« En assumant devant ma conscience, devant mon Pays et devant l'histoire la responsabilité de ma charge sous le nouveau régime, je me suis essentiellement réservé de réclamer pour l'Egypte, du Gouvernement Britannique, le plus de liberté possible, quand s'ouvriraient les négociations de paix.

Aujourd'hui qu'elles sont sur le point de s'ouvrir, j'ai, avec la haute approbation de votre Altesse, demandé au Gouvernement Britannique de m'entendre.

J'ai reçu une réponse équivalant à dire : « Plus tard; après la Paix. »

« J'estime au contraire que c'est maintenant le moment d'exposer et de plaider les aspirations nationales de l'Egypte.

« Dans ces conditions, j'ai l'honneur de présenter à Votre Altesse ma démission de Président du Conseil des Ministres et de Ministre de l'Intérieur.

« Mon collègue Adly Yeghen Pacha, qui avait été désigné par votre Altesse pour m'accompagner dans ma mission, tient à s'associer à moi en cette occasion et présente individuellement sa démission de Ministre de l'Instruction publique. »

On pria Votre Altesse de différer l'acceptation de cette démission jusqu'à ce qu'on en eût référé à Londres. La nouvelle réponse ne fut que la confirmation de la première.

Je maintins ma démission. Depuis, il n'est venu aucune communication officielle; il y a eu seulement des démarches et des conversations officieuses qui n'ont abouti à aucun résultat.

Entre temps, des députations composées de membres de nos institutions représentatives ont demandé à se rendre à Londres pour plaider la cause de l'Egypte. J'ai conseillé de les laisser partir et de les entendre. Non seulement on a passé outre à mon conseil, mais on a refusé de m'entendre moi-même pour discuter quel devrait être éventuellement le statut du Protectorat.

L'Egypte va être ainsi le seul pays qui n'aura pas pu faire entendre sa voix au moment où il va être définitivement statué sur son sort.

Dans ces conditions, je tiens à reprendre ma liberté et en conséquence j'insiste respectueusement auprès de Votre Altesse pour l'acceptation de ma démission.

De Votre Altesse, le très humble, le très fidèle et le très dévoué serviteur.

Signé : H. RUCHDI.

Le Caire, le 23 décembre 1918.

§ 4.

Lettre adressée à S. A. le Sultan, par S. E. Hussein Rachdi Pacha, Président du Conseil des Ministres.

(Le Caire, le 30 décembre 1918)

Altesse,

Le retard mis à l'acceptation de ma démission risque d'aboutir à me faire endosser la responsabilité que j'ai voulu et que je veux à tout prix éviter : celle d'être Premier Ministre d'Egypte et de me désintéresser, cependant, de son sort au moment où il va être statué définitivement.

Je supplie Votre Altesse d'accepter, sans plus tarder, la dite démission que, pour couper court à tout nouvel atermoiement, je déclare irrévocable. Il n'y a plus de place à des négociations en ce qui la concerne. Le seul point dont il y ait lieu de s'occuper, c'est la formation d'un nouveau Cabinet.

De Votre Altesse le très humble, le très fidèle et le très dévoué serviteur.

Signé : H. RUCHDI.

Le Caire, le 30 Décembre 1918.

§ 5.

Appel du Président de la Délégation Égyptienne aux Résidents étrangers en Égypte.

La guerre mondiale vient de recevoir la seule conclusion digne d'elle en fondant le régime du droit et de la justice et en le substituant, pour la solution des conflits internationaux, au droit du plus fort. Sur une telle base, il est possible d'obtenir une paix durable, car nous verrons la fin des compétitions armées de jadis et, leur succédant, nous verrons s'établir des concurrences pacifiques et légales.

Cette paix du droit et de la justice fera, du même coup, disparaître les rancunes amassées au fond du cœur des petits peuples contre la domination, par la force brutale, des grandes puissances. Et désormais, seront abolies les rivalités coloniales qui poussaient ces mêmes grandes puissances à monopoliser les unes au détriment des autres, avantages et bénéfices. Tout, ainsi, rentrera dans l'ordre et la prospérité commerciale ne dépendra plus que de ses facteurs naturels, abstraction faite de toute considération politique ou de contrainte armée.

L'Egypte a jugé que l'heure de l'immanente justice avait, dans l'ordre nouveau, sonné pour elle comme pour les autres pays et qu'elle pouvait espérer dans la fin d'une servitude uniquement imposée par la force et rentrer, elle aussi, dans la grande confraternité humaine. A cet effet, elle a donné à la Délégation que j'ai l'honneur de présider, mandat pour poursuivre et obtenir son indépendance complète par tous les moyens pacifiques et légaux.

Les obstacles que, dès la première heure, elle

a rencontrés dans l'accomplissement de sa mission ne l'ont pas découragée soit qu'une partie des mandats adressés par la population ait été confisquée, soit que les passeports pour l'Angleterre lui aient été refusés. Au contraire, poursuivant ses démarches, elle a officiellement protesté, auprès des plus hautes autorités britanniques et des représentants des Puissances accrédités en Égypte, contre cette atteinte à la liberté individuelle.

La Délégation Egyptienne, après avoir fait parvenir à ces derniers un exposé de l'essentiel de notre programme, estime qu'elle a le devoir aujourd'hui de mettre au courant de notre mouvement pacifique et de nos aspirations nationales, tous les résidents étrangers possédant des intérêts dans ce pays. Nous avons, en effet, l'ambition de pouvoir compter, pour le succès de notre cause, sur le concours des hommes libres de tous les pays que l'émancipation d'un peuple ne peut laisser indifférents et qui, naturellement, placent au-dessus de toutes considérations d'intérêt et de sentiment, les principes de droit, de justice et de liberté.

C'est pourquoi, mandataires fidèles de la volonté égyptienne, nous affirmons nos aspirations vers une indépendance qui permettra à notre patrie d'atteindre son idéal de progrès et de reconstituer son ancien patrimoine de gloire.

Nous voulons une indépendance complète, exclusive de toute domination extérieure, afin que sous la forme d'un régime constitutionnel, nous puissions réparer les torts que le gouvernement de l'étranger a causée à notre état social, soit délibérément, soit par la nature même de cette ingérence.

Nous voulons conserver la confiance des résidents étrangers et leur faciliter la poursuite de leur activité commerciale, industrielle et intellectuelle dans le respect absolu de leurs privilèges.

Nous voulons — parce que nous sommes pénétrés des bienfaits de la civilisation et de la culture occidentales — faire appel, chaque fois que le besoin s'en fera sentir, aux plus hauts spécialistes étrangers pour nous prêter le concours de leurs lumières dans la direction de nos affaires publiques, faisant abstraction de leur nationalité et ne tenant compte que de leur mérite.

Nous voulons une indépendance totale mais qui ne touche pas aux droits capitulaires des étrangers, soit qu'il s'agisse de législation et de juridiction mixtes, soit qu'il s'agisse de l'inviolabilité du domicile et de la liberté individuelle.

Nous voulons enfin, en élargissant la loi de naturalisation dans le sens le plus libéral, faciliter à tous ceux qui le demanderaient l'entrée dans le giron de la grande famille égyptienne.

Telles sont nos vraies aspirations, telles sont nos intentions. Tout ce qui pourrait être dit ou écrit qui n'y soit pas conforme ne peut être que le fait des ennemis de la cause nationale.

Au nom de la Délégation égyptienne, j'affirme à tous les résidents étrangers de ce pays, que cette Délégation associe à ses démarches en vue d'obtenir l'indépendance, le respect le plus entier des droits de l'étranger.

Je saisis cette occasion pour prendre à témoin tous ceux qui sont imbus des idées de liberté, des mesures contraires à cette liberté dont est victime notre Délégation. Je déclare que toutes les décisions concernant l'avenir de notre patrie qui seraient prises sans que les Egyptiens fussent entendus, iraient à l'encontre des règles de droit et des principes de justice, bases des délibérations du Congrès.

Le Vice-Président élu de l'Assemblée Législative,
Président de la Délégation Egyptienne

Signé : SAAD ZAGLOUL.

§ 6.

PROGRAMME POLITIQUE DE LA DÉLÉGATION ÉGYPTIENNE

Indépendance.

—

Nous demandons qu'elle nous soit reconnue : *a*) parce que c'est un droit naturel et imprescriptible des nations; *b*) parce que l'Egypte n'a jamais cessé de la revendiquer au prix même du sang de ses enfants; *c*) parce qu'elle se considère maintenant dégagée du dernier lien de suzeraineté qui l'attachait à la Turquie; *d*) parce qu'elle estime que le moment est venu de proclamer une souveraineté que justifie sa situation morale et matérielle.

Droits des Etrangers.

Tout au plus pourrait-on demander : *a*) la sauvegarde des intérêts des étrangers porteurs des titres de la Dette Egyptienne; *b*) la garantie des droits des européens résidant en Egypte.

Dette Publique.

Cette dette ne constitue qu'une charge bien légère, comparée à la fortune nationale. Néanmoins, l'Egypte accepte volontiers que, comme par le passé, le service des coupons soit assuré par des affectations spéciales de certains revenus de l'Etat; et que la Caisse de la Dette publique, que l'occupation anglaise n'a pas abolie, continue à exercer son contrôle financier dans une mesure assurant le crédit de l'Egypte, sans porter atteinte aux prérogatives du gouvernement et de la représentation nationale.

Garantie des droits des Européens.

L'Egypte considère que c'est son devoir d'assurer scrupuleusement aux Européens leurs privilèges, et elle s'en remet à la justice de la Société des Nations pour que les garanties soient conçues de telle manière qu'elles sauvegardent et respectent autant que possible ses droits de souveraineté.

Nous verrions avec plaisir l'élargissement de la compétence des Tribunaux mixtes, pour leur permettre de juger toutes les affaires pénales concernant les étrangers. Il en est de même pour l'extension des institutions comme les municipalités où l'élément étranger a été appelé à participer à l'administration locale.

En ce qui concerne le pouvoir législatif et de taxation, les étrangers trouveront toutes garanties dans l'existence d'une organisation internationale siégeant dans le pays et dont l'adhésion serait nécessaire pour toutes les lois et tous les impôts qui leur seraient appliqués. Le régime des Chambres réunies de la Cour d'Appel mixte fonctionnant déjà par application de la loi du 11 novembre 1911, et mieux adopté à son rôle nouveau par l'adjonction d'autres éléments choisis en dehors de lui, répondrait parfaitement à ce but.

Concours des Étrangers.

L'Egypte ne manquera pas de faire appel, demain comme hier, aux lumières des spécialistes du monde entier; mais ce qu'elle attend, c'est qu'on lui fournisse des collaborateurs et non des maîtres. Nous avons, en effet, tout un programme de réformes essentielles qu'une politique particulariste ne permettait pas de réaliser et pour l'exécution duquel nous comptons sur le concours désintéressé de l'étranger.

Réformes intérieures.

La première des réformes consistera dans l'établissement d'une constitution où la responsabilité ministérielle sera nettement définie.

L'instruction publique fera l'objet des premières préoccupations de l'Egypte indépendante qui en poursuivra la diffusion dans toutes les classes sociales.

Un plus grand esprit d'économie présidera aux dépenses publiques, celles-ci ayant été trop engagées, surtout depuis l'abolition du contrôle de la Dette publique, soit dans des crédits somptuaires et souvent inutiles, ou dans des émoluments très élevés de fonctionnaires dont le nombre est sans rapport avec les nécessités du service.

A un système fiscal suranné grévant uniquement la propriété foncière, serait substitué un système plus élastique et mieux réparti.

Le régime douanier serait modifié pour faciliter l'importation des articles de première nécessité et protéger raisonnablement la production nationale. Une taxation spécifique tiendra compte de la nature des articles à frapper.

Des lois protégeront l'évolution des organisations coopératives, base fondamentale d'une saine économie sociale.

Une plus grande extension et une organisation plus libérale des institutions provinciales et municipales, permettront d'assurer aux intérêts locaux un développement rapide et efficace.

Enfin, l'agriculture, le commerce, l'industrie, l'hygiène, la question ouvrière feront l'objet de lois qui aideront au bien-être général.

Canal de Suez.

Il est certain que l'intérêt des Puissances commande de confier la garde du Canal de Suez à l'Egypte qui n'a aucune visée politique ni ambition coloniale. Mais comme il s'agit d'une question bien moins égyptienne qu'internationale, et dont le règlement figurera au premier plan des préoccupations du Congrès de la Paix, l'Egypte est disposée à accueillir toutes mesures que le Congrès de la Paix jugera utiles pour la sauvegarde de la neutralité du canal.

L'Égypte et la Société des Nations.

L'Egypte s'honorerait de placer son indépendance sous la garantie de la Société des Nations et de contribuer, dans la mesure de ses moyens, au triomphe des idées nouvelles.

Rétrocession du Soudan.

En demandant la rétrocession du Soudan, les Egyptiens n'agissent pas sous l'influence des idées d'accroissement de territoire et d'expansion coloniale, mais se placent tout simplement, autant sur le terrain du droit que sur celui de la conservation nationale.

De temps immémorial, le Soudan a fait partie intégrante de l'Egypte et si, par moments, il en a été détaché, la première préoccupation de l'Egypte autonome fut de réintégrer le Soudan dans le giron de la Patrie.

Mais il ne s'agit pas que d'un point de droit ou d'une question historique. Les intérêts de l'Egypte et du Soudan sont, par la nature même des choses, si intimement liés que les deux pays se complètent et ont besoin l'un de l'autre pour vivre et prospérer. Laisser s'établir au Soudan une puissance étrangère serait exposer l'Egypte, qui vit du Nil, aux risques les plus graves.

Le Conseiller financier anglais auprès du Gouvernement égyptien s'est ainsi exprimé dans son rapport du 14 décembre 1904 : « Quelque soit le nom qu'on lui donne, la terre arrosée par le Nil, depuis les Montagnes d'Abyssinie et les Grands Lacs jusqu'aux bords de la Méditerranée, forme un ensemble intégral et indivisible. Maintenant que la science de l'ingénieur est parvenue à un si haut degré, c'est à la Puissance dont la domination est établie sur le Haut-Nil qu'appartient le contrôle des eaux de l'Egypte. La possession du Soudan est nécessaire à l'Egypte, plus nécessaire même que la possession d'Alexandrie. »

De leur côté, les habitants du Soudan ont tout à gagner au contact de la civilisation égyptienne, la seule qui puisse leur convenir. Pour eux, l'Egypte est une grande sœur dont ils parlent la langue, et dont ils adoptent facilement les institutions et les mœurs.

Cette mutuelle sympathie et cette affinité de mœurs et de mentalité trouvent leur explication naturelle dans ce fait historique que les Arabes venus en Egypte et ceux qui se répandirent au Soudan avaient la même origine. Les descendants de ces derniers forment aujourd'hui la fraction la plus importante et la plus éclairée de la population soudanaise.

En demandant que le Soudan fasse retour à l'Egypte, nous entendons l'associer à nous et lui reconnaître tous nos droits.

§ 7.

Lettre du Consul général des États-Unis au Caire au Haut-Commissaire Britannique.

(Le Caire, le 22 avril 1919)

Son Excellence le Haut Commissaire Extraordinaire a reçu la lettre suivante de l'Agent diplomatique et Consul Général des Etats-Unis en Egypte.

Le Caire, Égypte, le 22 avril 1919.

« Excellence,

« J'ai l'honneur de vous informer que j'ai reçu de mon gouvernement l'ordre de vous faire savoir que le Président reconnait le Protectorat Britannique en Egypte proclamé par le Gouvernement de Sa Majesté le 18 décembre 1914. En consentant à reconnaître cet état de choses, le Président doit nécessairement faire des réserves quant aux détails qui feront l'objet d'une discussion ultérieure ainsi que la question des modifications que peut entraîner cette décision pour les droits des Etats-Unis à cet égard. Je suis chargé de dire que le Président de la République et le peuple américain tout en sympathisant entièrement avec les légitimes aspirations du peuple égyptien dans le sens d'une plus grande mesure d'autonomie voient avec regret tout effort entaché de violence fait en vue d'obtenir la réalisation de ces désirs. »

§ 8.

Requête de la Délégation Égyptienne à la Conférence de la Paix.

(Paris, le 28 avril 1919)

Il est certain que la question égyptienne qui, depuis 1840, constitue un problème de droit international des plus difficiles, ne pouvait trouver, pour être résolue, une occasion plus propice que la Conférence de la Paix.

Il est certain également qu'aucune solution de la question Egyptienne ne saurait être définitive si elle ne correspondait pas aux vœux de l'Egypte.

Partant de ce point de vue, et convaincue que les principes de droit et de justice qui forment la base des délibérations de la Conférence, ne sont pas l'apanage d'une race à l'exclusion d'une autre, mais qu'ils sont communs à l'humanité entière, la Délégation Egyptienne, agissant par mandat du pays, est venue soumettre à la Conférence, les aspirations nationales, afin que la solution à intervenir soit définitive et de nature à concourir à l'affermissement d'une paix durable. Les déclarations répétées, dès avant l'ouverture de la Conférence, ont établi que le but général était d'arriver à une paix permanente, par la liquidation de tous les problèmes politiques sur la base du droit des petits peuples à décider de leur sort.

On comprendra aisément l'anxiété des Egyptiens qui voyaient que tous les peuples — et même de simples tribus — dont la guerre avait changé la situation politique, étaient invités à se faire entendre par la Conférence, mais qu'eux seuls étaient frustrés de ce droit. Il est difficile, pour justifier une telle inégalité de traitement, d'invoquer aucune raison plausible pouvant s'accorder avec les principes consacrés par la guerre, et que la Conférence devait réaliser.

Bien que l'Egypte n'ait pas été convoquée, cette omission ne doit pas nous faire désespérer de la justice de la Conférence qui est seule compétente pour donner une solution à la question Egyptienne, après avoir entendu notre Délégation.

*
* *

1° Si la participation à la guerre est une des conditions essentielles pour être admis à se faire entendre par la Conférence, l'Egypte se trouve précisément dans ce cas. Le 5 août 1914, elle déclara en effet qu'elle était en état de guerre avec l'Allemagne. Lorsque, quelques mois plus tard, la Turquie intervint dans le conflit comme alliée de l'Allemagne, la situation de l'Egypte, sa vassale, devint singulièrement délicate. C'est alors que des représentants autorisés de la nation proposèrent aux autorités Britanniques que l'Indépendance de l'Egypte fut proclamée. La situation politique ainsi réglée, l'Égypte pourrait combattre, les armes à la main, aux côtés des Alliés, sur n'importe quel champ de bataille. Cette suggestion ne fut pas écoutée, et l'Angleterre s'arrêta à une autre solution, en déclarant « proprio motus » au début de la guerre, et en raison même de la guerre, son protectorat sur l'Egypte, malgré nos aspirations nationales. Néanmoins, le pays fit, pour la cause des Alliés, les plus lourds sacrifices, au point que le Général Allenby a reconnu que le facteur Égyptien avait été l'un des plus décisifs dans la victoire contre les Turcs. Est-il possible, après cela, de dire que le problème égyptien n'est pas de la compétence de la Conférence?

*
* *

2° L'abolition de la suzeraineté turque survenant du fait de la guerre, entraîne forcément le changement du statut politique de l'Egypte, établi en vertu du traité de 1840. Mais ce changement ne pourrait avoir lieu que par une décision de la Conférence de la Paix, fixant les destinées politiques de l'Egypte.

Or, procéder à un nouvel examen sans entendre les Egyptiens, serait une atteinte manifeste à leurs droits que le traité n'avait pour but que d'établir. D'autre part, la discussion de ce traité doit entraîner inévitablement un examen des conventions où l'Egypte fait partie contractante, à savoir : la convention du 1er janvier 1876, relative à l'institution des Tribunaux mixtes, la convention de 1880 relative à la loi de liquidation et la convention du 29 octobre 1888 relative à la neutralité du Canal de Suez, où l'Egypte eut une voix consultative. Ne serait-il pas étonnant que le Concert Européen qui, au XIXe siècle, ne manquait pas d'entendre l'Egypte pour l'élaboration des traités concernant des problèmes moins capitaux, vint à lui refuser ce droit en plein XXe siècle, et dans un Congrès basé précisément sur le principe que les intérêts des petites Nations sont aussi sacrés que ceux des plus puissantes? D'autant plus que l'Egypte n'a rien fait pour mériter un traitement aussi injuste. Elle n'a que suivi l'évolution des peuples dans la voie du progrès et, au cours de cette guerre, elle a participé avec les Puissances qui représentaient la civilisation et le progrès, aux lourdes charges de la lutte.

3° La Conférence de la Paix a écouté les provinces qui, par le fait de la guerre et en application du principe des nationalités, ont été détachées de la Turquie. A fortiori ne doit-elle pas entendre le peuple Egyptien dont la civilisation est très ancienne, et qui aurait été indépendant depuis près d'un siècle, si le Concert Européen ne l'avait pas contraint à subir la suzeraineté ottomane?

Pour ces motifs :

La Délégation Egyptienne demande à la Conférence de la Paix, au nom du Peuple Egyptien, à être admise à formuler les revendications du pays, en vertu des règles de droit et de justice qui sont la base des délibérations de la Conférence.

§ 9.

Lettre de Zagloul Pacha au Président Wilson.

Paris, le 29 avril 1919.

A Son Excellence le Président Wilson,

Monsieur le Président,

La note dont votre Excellence trouvera copie ci-jointe, a été adressée à la Conférence de la Paix en vue de justifier la demande de la Délégation Egyptienne d'être entendue par cette Haute Assemblée.

C'est dans votre respect du droit que nous puisons surtout notre espoir de voir accueillir cette demande; et telle est la ténacité de notre confiance dans la justice impartiale dont vous voulez faire le fondement de la Paix du monde, que même votre intervention récente au sujet du Protectorat Britannique n'a pu ébranler cette confiance. Quelles que puissent être en effet les raisons sur lesquelles le Gouvernement des Etats-Unis a pu se baser pour la reconnaissance de ce Protectorat, nous estimons que rien ne s'oppose à ce que l'opinion de tout un Pays et les mobiles sur lesquels il fonde ses aspirations, soient connus sous leur véritable jour.

Ce droit que nous implorons n'a pas été refusé aux ennemis de la cause de la Liberté; le serait-il donc à ceux qui, comme nous, ont contribué à son triomphe?

En nous adressant d'une façon toute particulière à votre Excellence, nous ne faisons que répondre aux vœux de toute l'Egypte qui a placé en vous son suprême espoir.

L'appel à la justice de l'humanité dont

vous avez sonné la fanfare joyeuse n'a retenti dans aucun pays à l'égal du nôtre.

Car nous sommes un peuple assoiffé de liberté, qui avons vu dans vos principes le gage d'une délivrance prochaine.

Les premiers parmi tous, nous nous sommes félicités de la venue d'une ère où « pour tous les peuples et pour toutes les nationalités, sera accordé le droit de vivre sur un pied d'égalité et dans des conditions de liberté et de sécurité les uns vis-à-vis des autres, qu'ils soient forts ou qu'ils soient faibles ».

Nous avons compté sur votre promesse que vous n'envisagerez que la « satisfaction » des peuples qui seront l'objet du règlement universel, et c'est pour cela que dans toute l'Egypte le cri de « Vive Wilson » résonnait comme l'écho des libertés futures, et que jusque parmi les sifflements des balles meurtrières qui fauchaient par centaines notre jeunesse enthousiaste, ce nom demeurait un cri de ralliement et ne cessait d'être invoqué comme un symbole de délivrance.

Serait-il donc possible que l'Egypte seule, qui a tant compté sur votre justice, en soit totalement exclue?

Votre sollicitude qui, hier encore, se manifestait éloquemment en faveur d'un petit peuple; votre sollicitude, si large, qui a englobé les peuples primitifs du continent africain en refusant à leurs dominateurs de les diriger sans un contrôle de la Ligue des Nations, votre sollicitude enfin, qui s'est penchée sur les peuples qui jusqu'à hier faisaient partie de l'ancien empire ottoman, n'admettant pas qu'ils passent d'une souveraineté à une autre comme une vulgaire marchandise et insistant pour que leurs aspirations soient respectées; cette sollicitude s'arrêterait-elle donc au seuil de notre malheureux pays dont la porte resterait close à sa bienveillante action?

Nous nous refusons à croire que tel est le sort qui reste échu à un peuple auquel l'Humanité est en grande partie redevable de sa civilisation, nous nous y refusons d'autant plus que nous avons une foi entière dans la haute mission que vous avez assumée, et qui, comme vous l'écriviez hier, doit tendre à ce que désormais « la préférence soit accordée à la Justice sur l'intérêt. »

Veuillez agréer, Monsieur le Président, l'assurance de ma haute considération.

Le Président de la Délégation Egyptienne,

Signé : SAAD ZAGLOUL.

§ 10.

Note de la Délégation Égyptienne sur l'Historique du dernier Mouvement National Égyptien. Son Étendue. — Son Caractère.

(Paris mai 1919)

Durant tout le cours du siècle dernier l'Egypte n'a jamais manqué d'essayer de reconquérir son indépendance, au prix même du sang de ses enfants. Lorsque la grande guerre éclata en 1914, elle jouissait au point de vue du droit public d'une complète autonomie. Seul un faible lien de vassalité la rattachait à la Turquie. L'occupation militaire anglaise existait en fait, mais n'avait aucun caractère légal. Elle ne devait être que provisoire, tant aux yeux du peuple égyptien que du peuple anglais, et il est inutile de rappeler à ce sujet les déclarations réitérées des hommes d'Etat anglais de tous les partis.

Ainsi tous ceux que préoccupait l'avenir du pays, ministres et hommes politiques responsables, pensèrent que le moment était propice pour réclamer l'indépendance complète et rompre tout lien avec la Turquie. Ils proposèrent à la puissance occupante l'intervention armée aux côtés des Alliés, d'abord contre les Empires du Centre et plus tard contre la Turquie, lorsque cette dernière entra dans le conflit. L'Egypte était prête à tous les sacrifices pour la réalisation de son idéal national. Cette proposition, cependant, ne fut pas agréée. L'Angleterre oubliant ses promesses ne voulait plus reconnaître notre indépendance : elle suspendit les travaux des institutions représentatives, elle décréta la loi martiale et finalement elle proclama le protectorat.

La sympathie que le peuple égyptien éprouvait pour la cause des Alliés qui combattaient pour faire triompher dans le monde les principes de justice et l'égalité des peuples, fit taire les justes protestations qu'il pouvait élever contre le protectorat. Le nouvel état de choses fut considéré comme une nécessité de guerre devant prendre fin avec la cessation des hostilités. Aucune agitation politique n'eut donc lieu dans le pays, au moment où tout mouvement de notre part risquait de gêner et même de paralyser l'action des Alliés. Au contraire, l'Egypte donna son concours qui fut très précieux de l'aveu même de hautes personnalités anglaises, et notamment du Généralissime anglais en Orient. En effet, plus de 1.200.000 travailleurs dont un grand nombre sont tombés sous les bombes ennemies ou furent fauchés par les maladies, ont été mis à la disposition des Alliés, sans compter les troupes qui combattirent contre les Turcs à côté des Arabes du Hedjaz et de celles qui furent envoyées au Soudan contre Ali Dinar et ses partisans soulevés par les intrigues allemandes. D'autre part, l'artillerie égyptienne a joué un rôle prépondérant dans la défense du Canal de Suez lors de la première attaque des Germano-Turcs.

Malgré les grandes difficultés qui empêchaient l'Egypte de se ravitailler au dehors, elle prit sur elle d'approvisionner les armées alliées d'Orient et elle se priva pour mettre à leur disposition les produits de son sol. Toute la récolte de coton et de sa graine furent livrés au prix fixé par la puissance occupante. Ses voies de communication, ses moyens de transports, ses services publics, tout fut transformé et adapté aux nécessités de la guerre. La presse anglaise a, à maintes reprises, rendu hommage à la générosité débordante du peuple égyptien, pour les victimes de la guerre des peuples alliés. En effet des sommes très importantes ont été versées aux Croix-Rouges et autres œuvres philanthropiques : mais c'est là un geste tout naturel dont nous ne voulons pas nous prévaloir.

* * *

Les principes proclamés pendant la guerre et lors de la signature de l'Armistice par le Président Wilson et les hommes d'Etat Alliés ont avivé dans le cœur des Egyptiens l'espoir qu'ils n'ont cessé de nourrir pendant près d'un siècle. L'Assemblée Législative n'avait pu se réunir depuis le début de la guerre; certains de ses membres les plus influents, sous la poussée de l'opinion publique formèrent une Délégation afin de défendre devant la Conférence de la Paix les revendications nationales. Le peuple égyptien ratifia le choix fait : des mandats circulaient partout qui furent couverts de signatures. Les autorités anglaises arrêtèrent cette première manifestation : la Délégation protesta auprès du ministre de l'intérieur qui lui fit savoir que cette première entrave à notre liberté avait eu lieu par ordre du Conseiller anglais de ce ministère.

Depuis, les tracasseries de la part de ces mêmes autorités ne se comptent plus. Le ministère se solidarisa alors avec l'opinion et donna sa démission; elle fut d'abord refusée; mais maintenue pendant plusieurs mois par les ministres, elle fut enfin acceptée; on assista à ce spectacle d'un pays vivant pendant plus de quatre mois sans pouvoir Législatif ni Exécutif.

L'émotion dans le pays fut à son comble. Ce fut sans doute pour la calmer que les autorités anglaises arrêtèrent le Président de la Délégation, S. E. Saad Zagloul Pacha et trois de ses collègues, et sans jugement ni explication les déportèrent à Malte; l'émotion alors se transforma en exaspération : des protestations s'élevèrent de toutes parts; des délégations accourues de tous les départements du pays adressèrent leurs protestations au Sultan, et aux ministres plénipotentiaires des Puissances. Les étudiants des écoles supérieures et secondaires, ceux de la grande Université d'El-Azhar décidèrent de faire grève. Cette grève fut suivie de celles des avocats égyptiens des barreaux indigènes et mixtes. Les fonctionnaires eux-mêmes protestèrent auprès du souverain. Des manifestations pacifiques dans les rues eurent lieu qui furent réprimées dans le sang. On ne pouvait avoir raison d'un idéal : le peuple entier se souleva. Les médecins, y compris ceux qui étaient attachés au service du Gouvernement adressèrent aux autorités militaires anglaises et aux Agents Diplomatiques une protestation contre le massacre des enfants ne dépassant pas 12 ans. Les dames de la haute société voulurent à leur tour exprimer leur indignation; leur manifestation d'abord autorisée fut arrêtée par la force armée, ce qui fit dire à l'une d'elles à un officier anglais : « Tuez-moi, pour qu'il y ait une autre Miss Cavell en Egypte ». Il semble que la violence extrême des mesures prises au Caire ait excité les paysans en province. Pour désorganiser les services que dirigeait une autorité étrangère qui s'était aliénée toutes les sympathies et pour empêcher le mouvement des troupes chargées de la répression, on coupa les voies ferrées, les fils télégraphiques et téléphoniques. Les cheminots et autres employés des chemins de fer et ceux des tramways, les cochers de fiacre se solidarisèrent avec le reste de la population en décrétant la grève générale. Les autorités militaires crurent pouvoir avoir raison du mouvement en agitant le spectre de la terreur. Des proclamations furent partout placardées qui avertissaient la population que les soldats tireraient sur qui oserait jeter des pierres sur eux et qu'on incendierait les villages à proximité desquels les voies ferrées seraient trouvées rompues.

Des paroles les autorités passèrent immédiatement aux actes. Des villages, notamment ceux d'El Azizia et Badrachein, furent implacablement incendiés, alors cependant qu'aucun fait nouveau n'était venu justifier ces actes de vengeance. Au village d'Embabeh près du Caire, où la voie ferrée avait été coupée avant la proclamation, on tira sans motif sur les invités d'une noce indigène. Des bombes furent jetées par les aéroplanes sur d'autres villages, entre autres ceux de Mina El-Kamh, de Wlidieh et d'Assiout. Les morts se comptaient par centaines, mais l'esprit de sacrifice avait fait son chemin. On méprisait la mort. Un peuple complètement désarmé défiait les engins les plus meurtriers du plus puissant des Empires modernes.

Seuls, les fonctionnaires publics qui au début s'étaient contentés de protester, restaient en dehors du mouvement de grève dans l'intérêt du public. A Londres, en plein Parlement, on interpréta leur conduite comme un désaveu du mouvement. Pour protester contre cette accusation, ils ont à leur tour unanimement décidé de se mettre en grève. Les étrangers, habitants de l'Egypte, ont été témoins de ce nouveau spectacle unique dans son genre, des officiers et des soldats, des magistrats et des fonctionnaires administratifs, des gardiens de la paix, et jusqu'aux employés des Télégraphes et les balayeurs des rues s'abstenant de tout travail pour marquer leur solidarité avec le reste du pays.

*
* *

Les Anglais comprirent enfin la profondeur du mouvement. Le Général Allenby, Haut Commissaire spécial, ordonna la mise en liberté des déportés de Malte. Il leva l'embargo qui pesait sur nous en autorisant le départ de tout Égyptien qui voulait venir en Europe. La joie du pays s'exhala par de nouvelles manifestations. Nous voudrions que l'on comprenne bien le caractère du mouvement; il est purement et exclusivement national. Ce qui s'est passé durant la dernière crise le prouve péremptoirement. Les Chrétiens égyptiens sont aussi ardents dans leur patriotisme, que leurs compatriotes musulmans. Leurs prêtres sont accueillis au sein même de la Grande Mosquée d'El Azhar où ils prêchent l'amour de la Patrie; ils sont applaudis par tous les Ulémas. Ces derniers à leur tour au pied de l'autel des églises coptes (chrétiennes) haranguent les fidèles.

Pour marquer le caractère national du mouvement, la population dans ses manifestations adopta un pavillon au centre duquel la croix était entourée par le Croissant. L'apparition de ce symbole fut saluée par les applaudissements de milliers de manifestants. L'Égypte méconnue donnait au monde le plus bel exemple de tolérance; aucun cri religieux ne fut entendu. Vive l'Egypte indépendante, vive l'union sacrée, vive la liberté ! Voilà les seuls cris que poussait tout un peuple se dressant comme un seul homme pour protester contre une domination étrangère qu'il abhorrait.

La profondeur du mouvement national fut telle qu'on vit des dames voilées portant le drapeau national en écharpe, haranguer la foule en pleine place de l'Opéra et prêchant l'union de tous les cœurs.

Les prêtres coptes dans une automobile pavoisée parcouraient les rues avec le portrait du Patriarche, revêtu de ses habits sacerdotaux. A leur vue des applaudissements frénétiques éclataient dans la foule. Pendant que l'un de ces prêtres prêchait l'amour du pays natal à des milliers de manifestants, il tenait serré dans sa main gauche la main droite d'un Ulema; ce fut un spectacle inoubliable, et tous les yeux étaient mouillés de larmes. Les Israélites eux aussi ont manifesté en parcourant les rues avec deux de leurs rabbins.

Pour enterrer les victimes tombées sous les balles anglaises, quarante à cinquante mille manifestants de toutes les classes et de toutes les religions suivaient les cortèges; ces manifestations recueillies n'étaient pas les moins impressionnantes.

Le Général Allenby ayant demandé à la population de lui exprimer ses vœux, les notables lui présentèrent une adresse où ils réclamaient l'indépendance complète du pays, le patriarche copte y apposa sa signature à côté de celle du Cheik ul Islam.

*
* *

Pour nous aliéner la sympathie du monde civilisé et surtout celle du peuple anglais lui-même, les impérialistes anglais et leurs journaux ont singulièrement dénaturé le caractère du mouvement; ils ont parlé de pillage, de massacre d'étrangers, de xénophobie, et tour à tour de mouvement pro-allemand, pro-turc ou pro-arabe ou même de mouvement bolchévique. La variété de ces allégations en montre le caractère tendancieux et le but. Nous ne saurions trop nous élever contre ces calomnies.

Pendant les manifestations les Européens parcouraient les rues et se mêlaient à la foule joyeuse; ceux qui, spectateurs émerveillés des scènes que nous venons de décrire connaissaient bien notre caractère doux et affable, applaudissaient en signe d'encouragement. Consternés par la violence employée contre les manifestants, ils n'ont pu s'empêcher de protester auprès de leurs consuls contre les scènes tragiques dont ils avaient été les témoins attristés et impuissants.

Les Grecs voulurent exprimer leur sympathie aux Egyptiens; réunis à la place de l'Opéra, ils parcoururent les rues du Caire en acclamant l'Egypte et les Egyptiens.

Lors de la grande manifestation du 8 avril à laquelle prirent part les fonctionnaires, les étudiants, les officiers et les soldats en uniforme, les magistrats portant les insignes de leur fonction, les avocats en robe, les Européens saluaient les manifestants des terrasses des cafés et des hôtels. Ils donnaient par leurs applaudissements un éclatant démenti à ceux qui osaient taxer le mouvement de mouvement musulman ou xénophobe.

*

* *

Pour ne rien omettre dans l'intérêt de la vérité, nous devons dire un mot du prétendu massacre des Arméniens dont certains journaux ont parlé avec complaisance dans un but facile à deviner.

Dès le début de la guerre le peuple égyptien fut complètement désarmé; des proclamations punissaient des peines les plus sévères ceux qui portaient ou cachaient des armes. La population avait obéi aux ordres donnés. Lors des manifestations, les Arméniens seuls avaient des armes, ce qui était étrange et inexplicable. Le peuple Egyptien n'a jamais eu d'animosité contre les Arméniens qui jouissent dans notre pays de notre proverbiale hospitalité au même titre que les autres étrangers. On devine donc aisément la stupéfaction générale et l'exaspération de la foule des manifestants lorsque des Arméniens usaient de leurs armes contre eux; fait inexplicable qui coïncidait souvent avec l'arrivée des mitrailleuses anglaises chargées d'étouffer le mouvement à tout prix. Les meurtres commis mettaient les manifestants dans le cas de légitime défense; il se peut que la foule exaspérée ait confondu quelques innocents avec les coupables. Mais ce qu'il y a de certain, c'est le caractère de représailles des agissements de la foule. Des documents officiels, des enquêtes judiciaires en sont la preuve péremptoire.

* * *

Le monde civilisé jugera sévèrement les calomnies répandues partout contre nous pour étouffer notre voix. Cette arme des impérialistes digne du tzarisme se brisera certainement contre la réalité des faits. Il nous était impossible d'avoir la moindre relation avec les Allemands et les Turcs. Séquestrés pendant toute la durée de la guerre, nous ne pouvions avoir le moindre rapport avec l'étranger. Notre correspondance était l'objet de la censure la plus sévère. Après avoir essayé de nous terroriser, les impérialistes anglais veulent nous déconsidérer. C'est leur presse seule qui répand à sa guise les nouvelles concernant notre pays.

Nous sommes persuadés, cependant, que l'opinion anglaise, connue pour son libéralisme, déplorera les agissements des impérialistes et qu'elle s'indignera comme nous des excès commis pendant la dernière crise.

Le peuple égyptien n'acceptera jamais une domination étrangère quelconque. Conscient de son passé historique glorieux, fort de son droit, rien ne pourrait ébranler sa volonté.

§ 11.

Note de la Délégation Égyptienne sur l'état Politique de l'Égypte.

(Paris mai 1919)

L'Egypte, jouissant avant la guerre d'une autonomie interne complète, se voit reléguée au rang des Protectorats à cause de la guerre et, ce qui semble paradoxal, pour y avoir pris part en se rangeant aux côtés des Alliés.

Le Concert Européen lui avait pourtant garanti cette autonomie par le traité de 1840 et c'est l'Angleterre, signataire de ce traité, qui la lui enlève en proclamant son Protectorat le 18 décembre 1914.

Jusque là, l'Angleterre avait, par de nombreuses déclarations officielles, faites les unes avant son action militaire en Egypte en 1882, et les autres postérieurement à son occupation, proclamé expressément qu'elle n'avait aucune intention d'en faire un Protectorat, ni de l'occuper à titre définitif. Elle s'est hautement indignée toutes les fois que de pareilles intentions lui étaient attribuées; le raffermissement du Khédivat, tel était seulement, disaient ses hommes d'Etat, le but du Gouvernement Britannique. Lord Salisbury a été jusqu'à dire que toute idée de protectorat, d'annexion ou d'occupation définitive « toucherait à l'honneur même de la Grande-Bretagne ».

Obligée par sa charte constitutionnelle à venir en aide à la Turquie en cas de guerre, l'Egypte n'a pas hésité, à se ranger, au contraire, du côté des Alliés.

A la date du 5 août 1914, elle déclara qu'elle était en état de guerre avec l'Allemagne, alors que la Turquie déclarait se rallier à celle-ci.

Dès lors, l'Angleterre crut devoir la mettre sous sa protection à la date du 18 décembre 1914. Malgré l'atteinte que ce protectorat portait à la situation politique de l'Égypte, les Égyptiens se faisant violence sur leur sentiment national, n'ont voulu y voir qu'une mesure provisoire tendant à mener à bonne fin la lutte contre la Turquie. Ils prirent une part active à la guerre en fournissant plus de 1.200.000 hommes et en mettant toutes les ressources du pays à la disposition des Alliés. Le concours de l'Egypte fut, de l'aveu même du Général Allenby, le plus grand facteur de la victoire en Orient.

Les Egyptiens attendaient, avec assurance, la fin des hostilités pour, non seulement que le Protectorat provisoire fut levé, mais aussi pour qu'ils fussent libérés de la suzeraineté turque.

Dès le mois de novembre 1918, et alors que les grands principes assurant la liberté aux petits peuples étaient proclamés comme base de la paix future, les Egyptiens firent part, aux représentants de la Grande-Bretagne en Egypte, de leurs aspirations nationales tendant à l'indépendance complète de l'Egypte.

Ces aspirations étaient des plus légitimes. Nous ne réclamions aucune prérogative nouvelle; notre indépendance n'est que l'autonomie dont nous jouissions déjà, libérée de la suzeraineté turque qui avait disparu par l'effet de la guerre et par le principe nouveau des nationalités. Rien ne pouvait faire échec à notre indépendance : ni l'occupation anglaise qui était essentiellement provisoire, — ni la convention conclue entre la France et l'Angleterre le 8 avril 1904 et dans laquelle celle-ci déclara expressément « ne pas avoir l'intention de changer l'état politique de l'Égypte », — ni la déclaration du Protectorat, mesure de guerre également provisoire et devant disparaître avec elle, — ni, enfin, la reconnaissance du Protectorat par certaines Puissances, reconnaissance qui ne saurait enlever à l'Egypte l'autonomie dont elle jouissait déjà, ou l'empêcher de profiter de l'abolition de la suzeraineté turque, résultat de la guerre dans laquelle elle a coopéré.

Si même l'Egypte ne jouissait pas déjà de l'autonomie, si l'extinction de la suzeraineté turque ne s'était pas déjà opérée *ipso facto* en sa faveur, la Conférence n'en aurait pas moins dû la libérer et la déclarer indépendante à l'instar des autres petits peuples libérés.

Par sa superficie et sa situation géographique, par l'homogénéité du peuple Egyptien qui forme une seule et même race parlant la même langue, ayant les mêmes mœurs, la même mentalité et vivant en parfaite harmonie, — par le nombre de sa population, — par l'importance de son état économique, — par son degré d'éducation, — par la pratique déjà ancienne d'une administration moderne et organisée, l'Egypte était et est aussi apte et plus indiquée à l'indépendance que d'autres petits Etats auxquels personne ne songe à discuter ce droit.

La population de l'Egypte s'élève d'après le recensement fait en 1917 à 12.569.000 habitants. Son budget s'élevait avant la guerre à 471 millions 276.000 francs; celui de 1920 s'élève à 750.000.000 de francs. Son commerce extérieur a atteint en 1916 un total de 1.677.208.000 fr. dont 703.222.000 francs d'importation et 973.986.000 francs d'exportation. On voit aisément par ces chiffres que la situation économique de l'Egypte est bien plus importante que celle de la Suisse, de la Serbie, de la Grèce, de la Bulgarie, de la Norvège, sans parler de l'Arabie qui, hier encore, simple province turque ne possédant que des ressources très limitées et n'ayant point les rouages administratifs, financiers et judiciaires qui existent en Egypte et auxquels celle-ci s'est depuis longtemps familiarisée, a été cependant érigée en un Etat indépendant sans que cette indépendance ait effarouché les Alliés.

La justice, tant pour les étrangers que pour les indigènes est administrée en Egypte à la grande satisfaction des justiciables.

*
* *

D'après le programme de la Délégation, les droits des étrangers auraient toujours été garantis par :

Les Capitulations;

Les Tribunaux mixtes;

La Caisse de la Dette Publique;

La neutralité du Canal de Suez.

L'Egypte n'aurait pas manqué de faire appel, comme par le passé, aux lumières des spécialistes du monde entier, sans distinction de nationalité. Les réformes qui étaient en vue devaient porter sur les points suivants :

1° Etablissement d'un Gouvernement représentatif d'après les principes démocratiques.

2° Diffusion de l'instruction publique dans toutes les classes sociales.

3° Esprit d'économie dans les dépenses publiques.

4° Extension libérale des institutions provinciales et municipales.

5° Développement de l'agriculture, du commerce, de l'industrie et de l'hygiène,

5° Amélioration de la situation du paysan et de l'ouvrier.

Telles étaient les raisons pour lesquelles la Délégation Egyptienne, dûment mandatée, demandait à la Conférence de la Paix d'être entendue sur ses justes revendications, tendant à la reconnaissance de son indépendance par son affranchissement du protectorat britannique qui n'est basé sur aucun droit légitime, ne répond à aucun besoin social et atteint les Egyptiens dans ce qu'ils ont de plus cher : leur liberté.

Les Egyptiens avaient la ferme conviction que la Conférence aurait fait triompher le faible contre le fort, le droit contre l'intérêt, principes qui ont été le seul but de la guerre mondiale et qui aurait dû être le seul but d'une paix durable.

Mais, malheureusement, la Conférence des Alliés et Associé n'a pas appliqué ces principes à l'Egypte qui, cependant, était d'autant plus justifiée à s'en prévaloir qu'elle avait aidé à leur triomphe. La Conférence n'a pas voulu l'entendre, alors que son cas était bien un de ceux qui devaient lui être soumis, s'agissant d'un pays dont la guerre avait changé le statut politique. Elle a reconnu le Protectorat Britannique sans avoir le moindre égard pour l'opinion du peuple égyptien qui s'était élevé tout entier contre cet acte arbitraire en manifestant son opposition de la façon la plus significative. L'Egypte s'est vue traitée par la Conférence comme un vulgaire objet de transaction. Triste sort qui n'aurait pu être pire si, au lieu d'avoir lutté aux côtés des Alliés, elle s'était rangée parmi leurs adversaires. L'Egypte aurait-elle donc travaillé contre elle-même en travaillant pour les Alliés?

Il était du devoir de la Délégation Egyptienne

de protester auprès de la Conférence contre un tel traitement qui fruste l'Egypte seule des bienfaits de la paix, alors qu'elle avait été un des collaborateurs fidèles de la guerre. Outre ce devoir, la Délégation estime qu'elle en a un autre à remplir, celui de soumettre ses justes revendications à l'appréciation désintéressée des libéraux de toutes les nations. Elle les leur soumet avec confiance.

§ 12.

Note de protestation adressée par les Délégués Égyptiens à la Conférence de la Paix.

Paris, le 12 mai 1919.

Monsieur Georges Clemenceau,
Président de la Conférence de la Paix.

La Conférence des Alliés et Associé n'a pas voulu appliquer à l'Egypte les principes de droit et de justice dont celle-ci était d'autant plus justifiée à se prévaloir qu'elle avait aidé à leur triomphe. Elle n'a pas voulu entendre la voix de l'Égypte qui, dès la première heure cependant, s'était déclarée en état de guerre avec les ennemis de l'Entente et avait supporté les plus grands sacrifices pour la cause des Alliés. Elle n'a pas voulu l'entendre, bien qu'il se fut agi d'un pays dont la guerre avait changé le statut politique. Elle a reconnu le Protectorat Britannique sans avoir le moindre égard pour l'opinion du peuple égyptien, et sans tenir aucun compte de ce que ce peuple s'est élevé tout entier contre ce Protectorat et a manifesté son opposition de la manière la plus significaitve.

La raison se refuse à invoquer pour la justification d'une telle décision, ni les principes au nom desquels les Etats-Unis sont entrés en guerre et que le Président Wilson a, plus tard, fixés comme base de l'armistice et de la paix, ni les principes pour le triomphe desquels la Grande-Bretagne a déclaré elle-même qu'elle combattait.

La raison n'est guère plus satisfaite si, sans tenir compte de ces principes, on veut juger des faits à la lumière des pratiques politiques d'avant-guerre. Même dans ce cas, comment expliquer que le vilayet du Hedjaz qui fut loin de supporter, au cours de la guerre, le poids des charges que l'Egypte a assumées, a pu recouvrer son indépendance, malgré l'état rudimentaire du pays, le nombre infime de sa population, d'ailleurs nomade, et l'insuffisance de ses ressources, alors que l'Egypte qui a tant fait pour la Victoire, n'a récolté qu'un refus catégorique d'être entendue, suivi bientôt de la perte des libertés sacrées qu'elle avait conquises au prix du sang de ses enfants !

Il n'est pas admissible qu'on inflige à l'Egypte — qui dès le début du siècle dernier, tout en collaborant à l'œuvre de la civilisation, intervenait victorieusement pour rétablir l'ordre au Hedjaz et même en Grèce, pour le compte de la Turquie, et qui battait la Turquie elle-même — un pire traitement qu'aux peuplades de l'Afrique Centrale qui sont l'objet d'une sollicitude inattendue. Aucun juge impartial ne saurait trouver une seule raison plausible à l'attitude prise tant par la Conférence que par la Grande-Bretagne qui, en plus de soixante occasions, a déclaré qu'elle n'entendait ni annexer l'Egypte, ni lui imposer son Protectorat, mais qu'elle n'envisageait pour ce pays que l'Indépendance.

Enfin, la raison demeure toujours insatisfaite, si même jugeant des faits du seul point de vue du droit du plus fort, nous voulions y trouver la justification de la décision de la Conférence. Ici encore la réponse est négative. Le droit du plus fort, c'est la guerre et c'est la conquête. Or, l'Egypte n'était pas en guerre avec l'Angleterre, mais à ses côtés; elle n'a pas été conquise, mais elle a aidé, au contraire, à la conquête des territoires pris à l'ennemi.

Sans doute, cette idée a été soutenue dans la presse que les peuples orientaux ne devaient pas être traités de la même façon que les peuples occidentaux, et que les principes formulés à cet égard constituèrent d'imprudentes promesses. Invoquera-t-on une telle thèse comme une excuse pour démolir, à la paix, les grands principes que la guerre a édifiés, et pour venir inopportunément retirer, après la victoire, les promesses données à ceux qui y ont contribué? Mais alors, comment expliquer que cette thèse n'ait pas été appliquée dans toute sa rigueur et que, tout de même, certains des peuples d'Orient qui ont eu foi dans les promesses faites, aient vu se réaliser leurs espérances?

Une seule hypothèse reste donc, et qui s'impose. C'est que, selon l'expression du président Wilson dans ses discours sur la critique du droit du plus fort, le peuple égyptien aurait été considéré comme un vulgaire objet de transaction. Il nous est pénible de penser que la Conférence ait pu nous considérer de la sorte, mais malheureusement, il faut bien le constater; quels que soient les égards que l'on doive à ce Haut Tribunal, nous ne pouvons que formuler cette constatation, car il est des heures et des circonstances où il est dangereux de ne pas tout sacrifier à la vérité.

Autrefois, les peuples opprimés pouvaient trouver, dans cette pensée de Rousseau, que « le plus fort n'est jamais assez fort pour être toujours le maître » des raisons de patienter. Mais maintenant que le Président Wilson a fait ressortir, en pleine lumière, le caractère odieux de la « domination », au point que les nations opprimées en sont arrivées à détester la « domination » jusqu'à lui préférer l'anéantissement, les principes nouveaux devaient trouver, en Egypte, un terrain fertile, car il s'agit d'un pays à la race noble et ardente chez qui l'espérance ne pouvait qu'éveiller les ressentiments contre ceux qui en veulent à son indépendance.

Devant les déclarations de cet apôtre politique, dont les paroles sont empreintes de la plus haute tenue morale, le peuple égyptien, moins que jamais, peut accepter d'être cette vile marchandise que les forts se passent de mains en mains. La crainte seule de voir les principes wilsoniens ne pas lui être appliqués, lui a fait exposer la poitrine de ses enfants désarmés, au feu meurtrier des balles. Et c'est justement à cette heure que les vingt nations réunies ont consacré, par leur décision, le Protectorat Britannique?

Triste solution qui jette le peuple Égyptien dans le désespoir et l'agitation. Une paix — a dit le Président Wilson — ne peut être durable que si elle éteint tout ressentiment dans le cœur des peuples, qu'ils soient forts ou faibles, et que si la justice est la même pour eux, qu'ils soient faibles ou forts.

Le peuple Egyptien aurait-il donc été choisi en holocauste offert à la bonne entente entre les Grandes Puissances? Mais comment admettre que nous soyons cet holocauste, nous qui sommes une nation historique, au passé glorieux? Et quel aurait été donc notre sort si au lieu d'avoir lutté aux côtés des Alliés nous nous étions rangés parmi leurs adversaires?

C'est notre devoir, à nous mandataires du peuple Egyptien, de faire parvenir à la Conférence la voix de ce malheureux peuple qui seul est frustré de l'universelle justice et qui se trouve avoir travaillé contre lui-même en travaillant pour les Alliés ! Oui, sa voix s'élève pour protester, car seul il a été frustré des bienfaits de la paix, après avoir été un des collaborateurs fidèles de la guerre. Mais une nation qui a le respect de son idéal et le sentiment de sa personnalité et de ses droits, ne saurait accepter qu'on dispose des destinées dont elle est seule maîtresse.

Pour la Délégation Egyptienne,

Le Président de la Délégation,

Signé : SAAD ZAGLOUL.

§ 13.

Lettre de Zagloul Pacha à M. G. Clemenceau, Président de la Conférence de la Paix.

Paris, le 6 juin 1919.

Monsieur Georges Clemenceau,
Président de la Conférence de la Paix.

Les Puissances Alliées et Associée exigent de l'Autriche qu'elle reconnaise le protectorat Britannique en Egypte. Pareille reconnaissance figure également parmi les conditions de Paix imposées à l'Allemagne.

L'Autriche et l'Allemagne peuvent se joindre aux Gouvernements avec lesquels elles étaient en guerre pour reconnaître le Protectorat Britannique sur l'Egypte. Leur adhésion à un acte injuste ne saurait le justifier. L'Egypte continuera d'ignorer un Protectorat qu'elle n'a pas sollicité, qu'elle n'a pas été conviée à connaître et à en discuter, qu'elle n'a jamais reconnu et que jamais elle ne reconnaîtra.

Une première fois, lors de la remise du projet de traité à l'Allemagne, nous avons protesté contre le sort qui nous était fait. A nouveau, la Délégation Egyptienne demande au Congrès de la Paix de revenir sur la décision qu'il a cru bon de prendre au sujet de l'Egypte, car le Congrès réuni pour établir une paix juste et durable ne saurait sanctionner une mesure injuste et nettement préjudiciable aux intérêts de tous.

Mesure injuste, car elle a été prise sans que l'on ait entendu le principal intéressé, et à l'insu même de notre pays; mesure injuste, car elle ne cadre en aucune façon avec les principes de justice, pour la défense et le triomphe desquels les Alliés ont entendu combattre; mesure injuste, car elle est en opposition flagrante avec l'esprit des quatorze points, base de l'armistice et de la paix; mesure injuste, car elle èst en contradiction avec les commentaires développés par M. le Président Wilson touchant les articles du Pacte des Nations, et notamment l'article 22, dernier alinéa.

Mesure préjudiciable à l'Egypte et à la paix du monde tout à la fois.

L'Angleterre occupe l'Egypte depuis 36 ans dans le but, proclamé par elle, de conduire notre pays à l'indépendance. Disons à l'honneur de la Grande-Bretagne qu'elle a réussi dans sa tâche, au-delà de ses espérances, car l'Egypte attend depuis 36 ans la fin d'une occupation illégale et temporaire, tracassière et humiliante au premier chef. Tout a été mis systématiquement en œuvre par les Anglais, surtout durant ces derniers mois, pour rendre plus insupportable un joug détesté. Ils ont cherché à nous diviser et à nous avilir; ils ont sévi impitoyablement contre nous. Par le fer et le feu, par les voies tortueuses de la diplomatie secrète, par des décisions pour le moins inattendues qu'ils ont réussi à obtenir du Congrès, ils ont travaillé à décourager notre espoir en votre équité, afin de nous faire accepter leur domination. En vain. Rien ne saurait prévaloir contre la volonté d'un peuple qui réclame son droit à la vie et à l'indépendance.

Si ce sont là les rapports normaux qui existent entre la Grande-Bretagne et l'Egypte, comment notre Pays peut-il souscrire à un Protectorat qui repose sur l'inimitié et l'injustice, dont il ne peut découler que haine et iniquité?

Mesure également préjudiciable à la paix générale : nonobstant la reconnaissance du Protectorat Britannique par le Président des Etats-Unis, nonobstant l'unanimité des 24 Puissances à exiger de l'Allemagne la reconnaissance du dit protectorat, nonobstant les moyens brutaux employés par les Anglais pour décourager les Egyptiens et étouffer leurs aspirations, la situation en Egypte ne fait qu'empirer de jour en jour. Et cependant nos compatriotes n'ont pas perdu tout espoir en la sagesse et en la justice du Congrès. Qu'adviendra-t-il d'eux quand ils seront rejetés dans l'amertume du désespoir et qu'ils auront constaté que le droit ne prime pas la force, mais que c'est encore et toujours la force qui prime le droit? Il sera malaisé de faire comprendre aux Egyptiens à quel sinistre privilège ils doivent d'être exceptés de la règle qui veut que tout un peuple ait le droit de disposer de lui-même? L'Egypte serait-elle ravalée au rang d'esclave, qu'elle aurait encore le droit de choisir son maître et de faire choisir le mode de gouvernement qu'elle aimerait se faire donner. Seule elle est exceptée de tous les principes de liberté, de droit et de justice, et pour récompenser l'aide qu'elle a apportée pendant la guerre, à la cause des Alliés, sa condition devient pire qu'elle n'a jamais été depuis 1841. Alliés et ennemis s'entendant pour la mettre sous le protectorat anglais.

Au nom de la Nation Egyptienne, nous protestons contre la mesure qu'on se propose de nous appliquer, mesure injuste, illégale, préjudiciable aux intérêts de l'Egypte et à la Paix du Monde.

Une fois de plus, nous demandons au Congrès de la Paix d'entendre la voix de l'Egypte, de même qu'il a entendu la voix des autres peuples.

Cela en conformité des nobles principes établis par la Victoire pour épargner le sang innocent et pour consolider la Paix.

Pour la Délégation Égyptienne,

Le Président de la Délégation,

SAAD ZAGLOUL.

§ 14.

Mémoire présenté par la Délégation Égyptienne à la Conférence de la Paix.

(Paris, le 26 juillet 1919)

Nous avons, au nom du peuple Égyptien, demandé à la Conférence de la Paix de nous entendre, et cela en conformité des principes qui sont la base de ses travaux. Nous avons demandé à être entendus afin que le peuple Égyptien reçoive la juste récompense des nombreux sacrifices qu'il a consentis en hommes, en argent et en matériel pour la cause des Alliés. Non seulement la Conférence n'a pas daigné nous écouter, mais elle a imposé aux ennemis, l'obligation de reconnaître le Protectorat de la Grande-Bretagne sur l'Égypte : décision qui va à l'encontre de ses principes et qui méconnaît nos droits déjà acquis.

Mais le peuple Égyptien, après comme avant le Congrès de Versailles, ne cessera de repousser le Protectorat Britannique, et de demander à être traité selon les nouveaux principes de libéralisme proclamés comme base essentielle du Traité par les membres de la Conférence, principes dont l'application peut seule donner une paix juste et durable.

En effet, malgré la terrible oppression et les traitements cruels au-delà de toute limite, dont sont victimes tant les individus que les collectivités, le peuple Égyptien n'a pas cessé jusqu'à ce jour d'élever, par tous les moyens en son pouvoir, sa protestation contre la domination étrangère et de proclamer sa ferme volonté de n'y jamais consentir. C'est le peuple Égyptien qui a amené le précédent Cabinet à se démettre, et c'est encore sous la formidable pression du peuple Égyptien que le nouveau ministère — le seul pourtant que les autorités anglaises aient pu constituer dans les circonstances présentes — fut obligé de reconnaître publiquement que notre Délégation était le porte-parole du pays et de déclarer la nécessité d'attendre la décision de la Conférence à l'égard de l'Égypte, déclaration faite avec la conviction que la Conférence n'avait point définitivement statué sur le sort de notre pays. Voici en effet, les propos du Président du Conseil Égyptien tels qu'ils sont rapportés dans le numéro du *Temps*, du 21 juillet :

« Je n'ignore pas que mon ministère est violemment attaqué. Des menaces directes sont journellement adressées à mes collègues comme à moi-même, et vous savez que des coups de feu ont été encore tirés, une de ces nuits, sur mes fenêtres. L'agitation a été trop violente pour se calm d'un coup. »

. . . .

« Nous sommes en présence d'une situation de fait dont il faut bien, que cela plaise ou déplaise, tenir compte. Serions-nous plus avancés si aucun ministre responsable ne se trouvait actuellement ici pour parler au nom de l'Égypte?

« Sans doute, il y a la Délégation Égyptienne. Elle poursuit une tâche considérable, immense. Vous pensez bien, qu'Égyptien, je ne peux que lui souhaiter pleine réussite; mais les circonstances actuelles lui permettraient-elles d'affronter directement la puissance protectrice? Mon rôle n'est-il pas un peu celui d'un état-tampon? Rôle peu enviable, mais précisément parce qu'il est entre tous difficile, pourquoi me faire grief de l'avoir accepté?... Et, au surplus, la Délégation a porté la question devant la Conférence de la Paix. Là, comme pour tous les peuples, il sera décidé de notre sort. Nous sommes dans une période de complète incertitude : notre devoir est d'attendre».

Encore une fois, il n'y a pas l'ombre d'un doute que cette déclaration a été faite sous la pression de l'opinion publique. La Conférence peut ainsi apprécier les inconvénients qu'il y a à nous condamner sans nous permettre de présenter notre défense? Elle peut apprécier si le Traité, dans sa teneur actuelle, assure vraiment une paix durable, ou s'il n'est pas plutôt de nature à attiser chez les peuples opprimés les sentiments de haine et à les convaincre que les beaux principes, proclamés d'abord comme fondement de la paix et méconnus ensuite, ne sont applicables que dans la mesure où ils ne contrarient pas les intérêts impérialistes.

Au nom du peuple Égyptien, livré à la servitude par le Traité de Paix et dépouillé en dépit des buts déterminés au préambule dudit traité, jusqu'aux droits déjà acquis, nous demandons à la Conférence de la Paix, de traiter notre malheureux pays sur le même pied d'égalité que les petits peuples qui ont, cependant, pendant cinq ans porté les armes contre les Alliés, et de vouloir bien examiner à nouveau notre cas, en ne nous jugeant qu'après qu'elle aura entendu notre défense.

La Conférence est trop clairvoyante pour qu'elle méconnaisse qu'un peuple qui a eu dans les principes des Alliés une foi si profonde que ses fils sont tombés martyrs, sous les balles des fusils, puisse être gouverné contre sa volonté.

Le Président de la Délégation Egyptienne,

SAAD ZAGLOUL.

§ 15.

Appel de la Délégation Égyptienne au Parlement Français.

(Paris, le 31 juillet 1919)

Au nom du peuple Égyptien, nous protestons contre l'article CXLVII et les suivants jusqu'à l'article CLIV du traité de paix actuellement soumis à la ratification du Parlement. Ils sont, en effet, en contradiction flagrante avec toutes les déclarations que les Alliés ont faites à la face de l'univers, et qui leur ont acquis les sympathies générales. Ils sont également en contradiction avec les principes qui ont servi de base à l'Armistice et à la Paix. Ils sont de même contraire aux traditions de la morale internationale qui ont toujours réglé la conduite des peuples.

Les hommes politiques français ont proclamé — et l'honneur du peuple français est engagé par cette proclamation — que le but principal de la guerre était de faire respecter les traités internationaux et de sauvegarder les droits des petits peuples. Les Alliés étaient d'accord avec eux sur ces mêmes nobles principes. C'est ainsi qu'ils ont gagné la sympathie de tous les peuples de l'univers et, plus particulièrement, celle des petites nations. L'Égypte fut au nombre de ces dernières.

Le 5 août 1914, elle a, en effet, déclaré qu'elle était en état de guerre avec l'Allemagne, et cela malgré la neutralité observée par la Turquie, suzeraine du pays. Lorsque la Turquie, à son tour, intervint dans le conflit, aux côtés des Empires Centraux, les Égyptiens voulurent profiter de cette occasion où le principe de l'intégrité de l'Empire Ottoman cessait d'être un dogme : ils proposèrent donc à l'Agence diplomatique de la Grande-Bretagne au Caire de combattre aux côtés des Alliés en échange de la reconnaissance de l'Indépendance de l'Égypte. A ces avances, la Grande-Bretagne répondit en proclamant son protectorat sur l'Égypte, de sa seule initiative et sans même songer à consulter le peuple Égyptien.

Néanmoins, confiants dans la sincérité des déclarations des hommes politiques Alliés, confiants aussi dans les promesses des hommes d'Etat Anglais — promesses, réitérées à plus de soixante occasions, de ne s'annexer l'Egypte en aucun cas, et sous quelque forme que ce soit — les Egyptiens n'ont voulu voir dans ce protectorat illégalement proclamé qu'une nécessité de guerre; c'est pourquoi ils ne songèrent pas à s'insurger contre l'Angleterre, ni à gêner son action militaire. Au contraire, ils ont fourni aux Alliés une aide dont ils étaient en droit d'espérer qu'il serait tenu compte, à l'heure du règlement, après la victoire. Ils ont subi l'humiliation avec patience : ils ont pris part aux travaux militaires en faisant de grands sacrifices en hommes (1.200.000 travailleurs sur tous les fronts), en argent et en efforts de toutes sortes, sacrifices tels qu'ils furent le principal facteur de la victoire sur le front asiatique de la guerre, comme l'a reconnu Sir E. Allenby, généralissime des forces alliées sur ce front.

Les buts pour lesquels les Alliés combattaient se précisèrent définitivement lorsque les Etats-Unis entrèrent en lice. Les proclamations du Président Wilson, auxquelles se sont ralliés tous les Alliés, ne laissèrent plus alors aucun doute sur le droit que les petits peuples avaient de disposer d'eux-mêmes, notamment sur le droit des peuples dont la guerre avait changé la situation internationale.

Il est inadmissible de parler de mandat quant à l'Egypte, car notre pays aux yeux du monde entier, et particulièrement aux yeux de la France, est digne de posséder son indépendance absolue. L'Egypte a encore augmenté, si possible, son droit à cette indépendance, en fournissant son aide à la cause des Alliés qui ont fait triompher le Droit sur la Force et qui ont promis l'égalité entre les petites nations et les grandes Puissances.

C'est, du reste, sur la base de ces principes que l'armistice fut signé. Malheureusement le Traité de Paix, en ce qui concerne l'Egypte, fut élaboré contrairement à ces mêmes principes, et il fut ainsi exigé de l'ennemi de reconnaître le Protectorat britannique sur l'Egypte, c'est-à-dire la violation du Traité de 1840.

Il est hors de doute que cela va à l'encontre des buts proclamés par les Alliés, à savoir encore une fois : le respect des traités internationaux et la défense des droits des petits peuples. Cela est même contraire au bon sens, car l'Egypte ayant assumé sa part dans les sacrifices devait avoir sa part dans le résultat. Or tout ce qu'elle a récolté, c'est qu'elle fut moins bien traitée que les provinces soumises à la domination ottomane, qui ne possédaient avant la guerre même pas un simulacre d'indépendance et qui, pendant la guerre, s'étaient rangées aux côtés de l'ennemi et qui, de plus, n'avaient jamais prétendu égaler l'Egypte quant à sa civilisation et à ses forces sociales et économiques. D'ailleurs l'histoire est là pour témoigner que l'Egypte avait même conquis quelques-unes de ces provinces pour le compte de la Turquie, tandis qu'elle en avait conquis d'autres pour son propre compte, pendant les guerres de 1832-1839. Ce ne fut que grâce à l'intervention de la France et de l'Angleterre que l'Empire Ottoman tout entier ne tomba pas entre les mains des Egyptiens.

C'est donc là le traité de paix perpétuelle, soumis à la ratification du Parlement français? Ce traité a tellement exagéré l'iniquité contre le peuple Egyptien qu'il le jettera forcément dans l'enfer de la révolution. L'Egypte qui durant les cinq années de guerre n'a pas cessé, un instant de fournir son aide aux Alliés et qui se nourrissait de l'espoir d'en être récompensée lors de la victoire, bercée par l'illusion que provoquait chez elle les belles paroles des hommes d'Etat Alliés, a, au lendemain de l'armistice, chargé une Délégation de la représenter à la Conférence de la Paix. Mais les autorités britanniques s'opposèrent au départ des membres de cette Délégation. L'opinion publique égyptienne insista pour que l'autorisation de partir fut accordée. En réponse à cette manifestation de la volonté de tout un peuple, les autorités anglaises exilèrent à Malte le Président de la Délégation et trois de ses collègues. Le peuple vit là le prélude d'un traitement odieux et il désespéra de faire triompher ses justes revendications. Alors, il se dressa en face du Protectorat, en un magnifique mouvement de patriotisme où musulmans et chrétiens communièrent dans l'union sacrée. Ce mouvement où toutes les classes et toutes les croyances s'unirent en se sacrifiant, par amour du pays violenté et meurtri, sur l'autel de la Patrie, est peut-être sans précédent dans l'histoire de l'humanité. Les prêtres chrétiens, dans les mosquées et les ulémas, dans les églises prêchaient exclusivement cet amour. Les Anglais pensèrent avoir raison de ce mouvement par la force des armes. Ils ne reculèrent devant aucun moyen de terreur. Les manifestations pacifiques étaient journellement reçues à coups de fusils et de mitrailleuses. Mais les manifestants du lendemain n'étaient pas arrêtés par les sacrifices des victimes de la veille, de leurs compagnons tombés morts ou blessés, par dizaine, dans les rues.

Des lois militaires furent même inventées à notre usage, lois dont l'histoire même des conquêtes du moyen-âge n'offre aucun exemple — telle cette loi qui oblige les Egyptiens, quelle que soit leur position sociale, à saluer militairement tout officier anglais passant dans les rues?

Atrocités commises par les soldats, incendies des villages, assassinat des personnes, pillages des biens, arrestation et exil des patriotes suspects — tous les moyens de terreur demeurèrent vains? La nation égyptienne continue à ne pas reconnaître un protectorat imposé par la force et elle est unanime à réclamer son indépendance.

Si les grandes Puissances admettent que certains petits peuples peuvent faire l'objet d'un troc colonial inique, n'est-il pas cependant de sage politique de n'appliquer ce principe qu'à ceux des petits peuples qui, nouvellement constitués, ignorent encore leur droit à la vie et à la liberté? Le peuple égyptien n'est pas de ceux qui se soumettent à la servitude du premier occupant de leur pays, comme il n'est pas de ceux qui ignorent leurs droits. Non, il n'est pas indifférent à son antique gloire et à cette haute civilisation que chacun reconnaît pour l'initiatrice de toutes les autres civilisations. En lui imposant donc la servitude par la violence, on outrepasse même l'iniquité et l'on méconnaît les buts pour lesquels les Alliés ont combattu, et qui devaient servir de base à une paix durable.

*
* *

N'est-il pas étrange de vouloir assimiler le cas de l'Egypte à celui du Maroc, alors qu'il ne saurait y avoir entre les deux pays aucune comparaison possible? Il est notamment à remarquer que le Maroc avait consenti au Protectorat de la France avant la guerre, et que sa situation internationale était déjà réglée lors de la rédaction du Traité de paix. Au contraire, la guerre a changé la situation internationale de l'Egypte, le dernier lien étant rompu qui la rattachait encore à l'Empire Ottoman. Ses privilèges de peuple autonome lui donnaient encore plus de droit à l'indépendance que toute autre population de l'Empire turc. En faire donc l'équivalent du Maroc est une injustice qui ne saurait se justifier ni par le raisonnement, ni par les principes de la politique internationale.

Le peuple égyptien ne peut consentir qu'à son indépendance complète, soit parce qu'il invoque les buts pour lesquels les Alliés ont solennellement proclamé faire la guerre, soit parce qu'il invoque l'aide fournie à la France et à ses Alliés, aide qui a contribué à leur victoire.

Mais, dans ces heures d'angoisse patriotique, l'Egypte en s'adressant au noble peuple de France invoque encore autre chose de plus. Il est incontestable que l'Egypte, depuis un siècle, est en Orient la fille aînée de la France. C'est la France, qui la première, l'a prise par la main pour la conduire dans la voie de son indépendance, sous le grand Mohamed Aly; c'est la France qui l'a entourée, dès le berceau, de sollicitudes infinies. L'amitié entre les deux pays est si grande que l'Egypte envoya lors de la guerre du Mexique, une aide sans doute minime, mais qui marque du moins sa très sincère gratitude.

Ces relations d'amitié continuèrent durant tout le cours du siècle dernier; elles eurent comme conséquence de donner un caractère purement français à notre instruction et à notre éducation nationales. Nos lois du reste ne sont autre chose que des lois françaises. Tout cela a créé dans le cœur des Egyptiens une confiance dans la France qui les autorise à lui demander d'élever au nom du Droit et de la Justice, sa voix en leur faveur.

Nous n'avons pas la prétention de discuter ce que le gouvernement de la République a cru obtenir en échange de l'abandon de l'Egypte, mais nous ne pensons pas que le peuple français acceptera, de gaieté de cœur, la fin de sa suprématie morale en Egypte. La langue française est devenue, dans nos familles, comme une seconde langue nationale, et c'est en français que s'exprime également notre élite intellectuelle. C'est aussi la langue des milieux savants. Enfin c'est à côté de notre langue maternelle, la langue employée pour les plaidoiries devant nos tribunaux. Non, nous ne pouvons pas croire que le peuple français verra, avec satisfaction, les écoles françaises qui furent les premières créées dans la Vallée du Nil, fermer leurs portes — ces mêmes écoles qui furent les premiers foyers d'où sortit notre civilisation actuelle.

Non, nous ne pouvons croire que le noble peuple de la France qui a toujours été le pionnier de la civilisation moderne en Orient et qui, particulièrement en Egypte, a été le porte-drapeau de la liberté, consentira à abandonner cette place d'honneur, lui qui n'a jamais connu la désertion? Il ne pourra pas approuver un traité de paix rédigé dans un esprit contraire aux principes proclamés lors de l'armistice, et aux buts pour lesquels il a entendu combattre.

C'est aux représentants du noble peuple Français que nous faisons parvenir les doléances du peuple Egyptien, d'un peuple que la Conférence de la Paix a voué à la servitude et condamné, par conséquent, à une perpétuelle insurrection. Et ce ne sera pas la première fois dans sa glorieuse histoire que le grand peuple de France aura aidé une nation amie qui ne réclame que son droit à la vie, et qui ne saurait vivre sans son indépendance.

Le Président de la Délégation Egyptienne,

SAAD ZAGLOUL.

§ 16.

Déclarations faites par Rouchdy Pacha au journal « Mahroussa ».

(Le Caire, 22 octobre 1919)

Interviewé par le journal *Mahroussa*, Rouchdy Pacha qui était président du Conseil des Ministres en Egypte lors de la proclamation du Protectorat anglais en 1914, et pendant toute la durée de la guerre, a déclaré qu'il n'avait jamais consenti au Protectorat anglais. Il l'a toujours considéré comme un acte unilatéral, imposé par la force, et que l'Egypte n'aurait pu repousser que par la force, ce dont elle était incapable.

Rouchdy Pacha a ajouté qu'il a toujours considéré ce Protectorat comme une mesure provisoire, nécessitée par la guerre, et devant prendre fin avec elle. Aussi, après la victoire, se dressa-t-il en face de l'Angleterre et, invoquant les principes wilsoniens, inconnus en 1914, exigea-t-il d'être entendu en même temps que la nation dûment représentée par la Délégation.

On en trouve la preuve dans ses démissions successives, ses lettres aux agents britanniques et l'interview accordée, en son temps, au journal *Al-Ahram*.

Rouchdy Pacha a insisté sur l'aide énorme fournie aux Alliés par l'Egypte, aide qui s'est traduite de différentes manières entre autres par l'envoi sur le théâtre de la guerre d'un million deux cent mille ouvriers.

§ 17.

Télégramme de Zagloul Pacha à M. Georges Clemenceau, Président de la Conférence de la Paix, protestant contre la répression d'une manifestation à Alexandrie.

(Paris le 3 novembre 1919)

« Le 24 octobre une manifestation patriotique pacifique à Alexandrie a été brutalement réprimée à coups de fusils et de mitrailleuses qui ont fait de nombreuses victimes, dont plusieurs enfants, parmi une foule désarmée. Nous protestons avec énergie et indignation contre ces brutalités inexcusables. »

Le Président de la Délégation Egyptienne,

SAAD ZAGLOUL.

NOTA. — Cette dépêche a été également adressée à la même date aux chefs des Délégations américaine, anglaise, italienne, japonaise.

§ 18.

Lettre de Zagloul Pacha à M. Lloyd George

Paris, le 3 novembre 1919.

Excellence,

Le Chef du Gouvernement Britannique est certainement au courant du dernier acte d'atrocités, qui, au nom de la démocratie anglaise, vient d'être commis à Alexandrie. Vos soldats ont tiré sur des manifestants pacifiques et ont voulu fermer une mosquée sous prétexte qu'elle était un foyer d'agitation contre le protectorat, comme si ce protectorat, radicalement nul, peut créer en votre faveur un droit quelconque sur l'Egypte, ou une autorité légale vous permettant de considérer ceux qui n'y adhèrent pas comme enfreignant les dispositions de la loi du pays.

Certainement, vous avez été informé de ce récent acte d'atrocités qui n'est, du reste, qu'un anneau de la longue chaîne de terreur forgée par l'autorité britannique pour étouffer la voix des Egyptiens et les empêcher de manifester pacifiquement leur opposition au Protectorat et à la domination étrangère.

De telles atrocités répétées qui font frémir d'horreur l'humanité, sont les résultats tangibles de la politique que vous avez suivie à l'égard des Egyptiens et de la nouvelle ligne de conduite que vous avez inaugurée dans les traditions politiques anglaises et par quoi il est devenu possible de fouler aux pieds les engagements sacrés, de tenir pour un simple « chiffon de papier » le traité de 1840, et de considérer comme nuls et de nulle application les nobles et grands principes que l'humanité a acquis au prix de son sang le meilleur.

En présence de la situation faite à notre pays et devant les dernières atrocités, Nous, Membres de la Délégation égyptienne, nous méconnaitrions la mission dont le pays nous a chargés si nous hésitions un instant à mettre en évidence les résultats de votre politique si tristes dans leur forme et si stériles dans leurs conséquences, ces résultats de votre persistance à vouloir asservir malgré tout, un peuple au glorieux passé et qui est la pure descendance de la plus grande civilisation de l'antiquité et du moyen âge. En accomplissant ce devoir, nous avons la conviction que, placé en face de votre conscience, vous comprendrez à qui incombe la responsabilité d'une politique qui, au xxe siècle, constitue une honte pour l'humanité, et forme une tache noire dans l'histoire de la politique anglaise, alors que, nous en prenons Dieu à témoin, le noble peuple anglais en est entièrement innocent.

En nous adressant à vous, nous demandons à l'homme d'Etat libéral qui doit la haute situation qu'il occupe aux services qu'il a rendus à la cause de la liberté, s'il peut sans que sa conscience ne le condamne, assumer la responsabilité du sang innocent qui a coulé à flots, du sang des femmes et des enfants, du sang d'un peuple qui n'était pas en guerre et dont tout le crime est d'avoir gardé intacts le sentiment de son honneur national et sa foi inébranlable dans les principes que vous avez, vous aussi, fixés comme base à l'armistice et à la paix, et d'avoir au surplus ajouté foi aux promesses britanniques et surtout à la promesse solennelle que vous avez faite lorsque le 10 novembre 1914, vous avez dit : « Aussi vrai que le Seigneur existe, l'Angleterre ne convoite pas un pouce de territoire.

Nous faisons appel à vos sentiments d'humanité pour vous demander si vous consentez à faire du sang innocent, du parjure, de l'asservissement d'un peuple à l'origine glorieuse et au noble idéal, le prix de la glorification de votre nom par un groupe d'impérialistes dont les idées surannées n'ont plus le droit d'exister. Toute gloire souillée du sang des innocents et élevée par le parjure, est éphémère. Il n'en reste bientôt qu'amertume et remords.

Nous demandons à l'homme d'Etat, chef du peuple le plus fermement attaché au respect de ses engagements et qui répugne le plus à ce qu'une injustice quelconque soit commise en son nom, nous demandons à l'homme d'Etat qui a élevé entre lui et la voix du peuple égyptien un rempart si épais, quel peut être l'intérêt du peuple anglais à ce qu'on impose à l'Egypte, par la force, un protectorat que tous nos compatriotes sont décidés à repousser et qui, dans ces conditions, ne saurait avoir aucune stabilité — la domination d'un peuple contre son gré étant chose impossible. Nous demandons quel peut être l'intérêt des Anglais pour qu'en leur nom on manque aux engagements les plus sacrés et qu'on s'attire l'animosité d'un peuple tout entier, alors qu'une politique qui aurait tendu à lui faire recouvrer son indépendance, aurait fait de ce peuple un ami de la Grande-Bretagne, un ami loyal et utile et qui, aux jours de l'adversité, eût été encore plus utile qu'il ne le fut, lorsqu'il vous aida par son attitude si loyale, par le sacrifice de ses hommes et de toutes ses ressources, aux sombres heures où les Anglais pouvaient craindre un revirement de la fortune.

Vous avez pu constater que les Egyptiens ne sont pas tellement naïfs qu'ils puissent croire que cette guerre a définitivement guéri l'humanité des passions égoïstes et a détruit dans le cœur des puissants tout germe d'ambition. Non, ils ont compris, comme tout le monde, que l'effet le plus clair de cette guerre est de fixer aux ambitions les limites d'un intérêt raisonnable, et que les engagements pris pendant la lutte seront tenus pendant la paix. C'est, en partant de ce point de vue, que les Egyptiens, tout en revendiquant leur indépendance, ont déclaré qu'il était nécessaire de prendre en considération les intérêts de la Grande-Bretagne dans le Canal de Suez, de même que les privilèges des autres Puissances. Si le gouvernement de Londres avait acquiescé à une telle solution, il se serait gagné à tout jamais l'amitié d'un peuple chez qui tout indique que désormais le problème de son indépendance est une question de vie ou de mort.

Mais, malheureusement, vous n'avez pas acquiescé à cette solution si satisfaisante pour tous et si conforme aux prescriptions de la morale tant individuelle qu'internationale, à cette solution, la seule qui concorde avec la conception que le grand peuple anglais se fait de l'honneur. Au contraire, vous avez compté sur la placidité du peuple égyptien pour le triomphe d'une politique utilitaire. Et pour en assurer la réussite, vous avez inauguré tout un système de contraintes : séquestration d'un peuple pendant plus de cinq mois pour empêcher sa voix de parvenir à la Conférence de la Paix; déportation de quelques-uns de ses leaders; emploi des armes à feu, fusils et mitrailleuses, contre une population inoffensive, hommes et femmes, enfants et vieillards; incendies organisés de nos villages, etc...

Toutes ces mesures de contrainte ayant manqué leur but, vous avez alors entrepris d'endormir le peuple par l'institution d'une commission d'enquête sous la présidence de Lord Milner. Mais les Egyptiens, en éveil, ont refusé d'entrer en pourparlers avec cette commission et ont décidé de la boycotter.

Excellence, il nous semble que vous ne pouvez être convaincu, désormais, que les anciennes traditions impérialistes soient les plus aptes à assurer le gouvernement des sociétés humaines et que les peuples historiques, conscients de l'honneur national, puissent se contenter d'autre chose que de leur indépendance. Du reste, la morale internationale a acquis aujourd'hui, dans le monde entier, une si grande autorité que vous-même avez dû vous en prévaloir pour demander la mise en jugement de Guillaume II.

Est-ce que, dans ces conditions, vous ne voyez pas que la politique suivie à l'égard de l'Egypte, et que tout condamne, est vouée à un échec certain parce qu'elle ne peut obtenir le consentement du peuple Egyptien et parce qu'elle est en contradiction avec l'esprit des temps nouveaux et surtout avec les engagements pris sur l'honneur par l'Angleterre? Autrement, quel sens pouvez-vous donner, Excellence, à la lettre que Sa Majesté Britannique adressait au Sultan Hussein, lui disant :

« J'ai la conviction que vous serez capable, avec la coopération de vos ministres, et le protectorat de la Grande-Bretagne de dominer toutes ces influences qui s'appliquent à *détruire l'indépendance de l'Egypte.* »

Continuer, après la guerre, à se prévaloir de ce protectorat n'est-ce pas aller droit contre les promesses données, et porter atteinte à l'honneur britannique?

Si une telle politique est loin d'être approuvée par la conscience des hommes libéraux, si elle est contraire aux prescriptions de toutes les morales, si elle compromet l'honneur de la Grande-Bretagne, si elle n'est pas utile aux intérêts de ce grand pays, si enfin elle ne peut être appliquée qu'en violation des principes fixés comme base à la paix durable dont les peuples ont tant besoin, ceux qui en assument la responsabilité quand même, quel compte ne doivent-ils pas rendre à Dieu, à leur conscience, au peuple anglais dont ils prétendent servir les intérêts et à l'humanité tout entière?

Par cette adresse, Excellence, nous n'avons pas voulu vous exposer les revendications du peuple égyptien dont l'écho retentit depuis longtemps. Nous vous adressons simplement une protestations dont le but est de préciser la lourde erreur politique que commet le gouvernement que vous présidez, et l'atteinte qu'il porte aux principes de droit et de justice en même temps qu'à l'honneur de l'Angleterre et aux intérêts de l'Egypte.

Veuillez agréer, Excellence, l'assurance de ma haute considération.

Le Président de la Délégation Egyptienne,

SAAD ZAGLOUL.

§ 19.

Lettre de Zagloul Pacha à M. Georges Clemenceau, Président de la Conférence de la Paix

Paris, le 6 novembre 1919.

Excellence,

La Conférence de la Paix n'a pas convoqué l'Egypte et ne l'a donc pas, comme elle l'a fait pour les autres nations dont la guerre a changé la situation, admis à se prononcer librement sur ses destinées. En dépit de cet ostracisme, le peuple égyptien a surmonté tous les obstacles élevés sur sa route et il est parvenu à faire partir la Délégation qu'il avait mandatée avec mission d'exposer ses vœux à la Conférence. Mais la Conférence de la Paix, non seulement ne daigna pas nous recevoir, mais elle stipula dans le Traité de Versailles, aux articles 147 et les suivants, la reconnaissance par l'ennemi du protectorat britannique sur l'Egypte.

Elle a ainsi considéré le protectorat comme légal, alors qu'il est imposé *par la force*, et contre la volonté des Egyptiens. Elle l'a tenu pour définitif, alors qu'il a été proclamé pendant la guerre et à cause de la guerre. Cependant la Conférence était la seule autorité compétente pour statuer sur la question égyptienne, après avoir entendu les Egyptiens, et en application du principe qui veut que les peuples soient libres de disposer eux-mêmes de leur sort.

Nous avons essayé d'amener la Conférence à examiner notre cas à l'exemple des autres peuples, et nous nous sommes appuyés pour cela, sur l'engagement pris par les Alliés d'assurer impartialement la justice envers tous, aussi bien envers ceux avec qui ils tiennent à être justes qu'envers ceux avec qui ils tiennent à ne pas être injustes, de même que sur leur promesse d'appliquer scrupuleusement les règles suivantes formulées par le Président Wilson.

« 1° Il ne doit plus être question de transférer les peuples d'une puissance à une autre, à la suite d'une simple conférence internationale, d'un accord entre rivaux et antagonistes; désormais les peuples ne doivent plus être dominés et gouvernés qu'avec leur propre consentement.

« La libre disposition de soi-même n'est pas une simple phrase. C'est un principe impératif que, dans l'avenir, les hommes d'État n'ignoreront qu'à leur détriment.

« Les peuples et les provinces ne doivent plus être troqués entre les gouvernements, comme des troupeaux ou des pions sur un échiquier, même quand il s'agit de ce grand échiquier à jamais discrédité qui est l'équilibre des Puissances.

« 2° Le règlement de toute question concernant soit les territoires, soit un droit de souveraineté, soit des arrangements économiques, soit des relations politiques, doit se faire sur la base de la libre acceptation de ce règlement par le peuple immédiatement intéressé, et non point selon les intérêts matériels ou le profit d'un autre peuple ou d'une nation quelconque, qui pourrait souhaiter un règlement différent en vue de son influence dans le monde de sa propre hégémonie. »

Contrairement à ces principes sur lesquels alliés et ennemis tombèrent d'accord et qui furent donnés comme base à l'armistice et à la paix, la Conférence n'a pas voulu entendre la voix de l'Egypte. Elle s'y est refusée, bien que la situation politique de l'Egypte ait été modifiée du fait de la guerre et que le protectorat proclamé par la Grande-Bretagne fût, au point de vue légal, radicalement nul. Sans compter que ce protectorat fut considéré comme provisoire, tant par les Anglais que par les Egyptiens, et sa durée limitée à la durée de la guerre. En effet, la lettre que Sa Majesté Britannique adressait au Sultan Hussein en décembre 1914 disait :

« J'ai la conviction que vous serez capable, avec la coopération de vos ministres et le protectorat de la Grande-Bretagne, de dominer toutes ces influences qui s'appliquent à détruire l'indépendance de l'Egypte. »

Le caractère essentiellement précaire de ce protectorat est encore plus évident si on lit la lettre de Sa Majesté à la lumière des promesses et des déclarations officielles britanniques faites depuis 1879 jusqu'au 10 novembre 1914 où M. Lloyd George prenait Dieu à témoin que l'Angleterre ne convoitait dans cette guerre « aucun pouce de territoire ».

Les Egyptiens n'ont jamais adhéré en aucune façon à l'établissement du Protectorat. Leur attitude calme à cet égard pendant la durée des hostilités, était motivée par leur souci de n'apporter aucune entrave à la cause du droit et de la justice. Aux yeux du gouvernement égyptien lui-même, qui avait pleine confiance dans la lettre de Sa Majesté et dans les promesses antérieures des hommes britanniques, le protectorat n'était que provisoire et limité à la durée de la guerre. En effet, Hussein Rouchdy Pacha, qui au moment de la proclamation du Protectorat, était Président du Conseil et Régent du pays en l'absence du Khédive et qui demeura au pouvoir jusqu'à la fin des hostilités, vient de déclarer publiquement dans la presse qu'il avait considéré que le protectorat n'était qu'un acte unilatéral nécessité par la guerre et imposé par la force.

De quelque façon que l'on veuille envisager le problème égyptien, on ne peut concevoir comment la Conférence de la Paix, appelée à appliquer les principes dont il est question plus haut, s'est désintéressée de sa tâche, comment elle peut tenir ce problème comme définitivement réglé et comment elle peut le considérer comme n'entrant pas dans la série des problèmes nés de la guerre, alors qu'il est de toute évidence que l'établissement du protectorat n'est, en fait, qu'un règlement provisoire né de l'entrée de la Turquie dans le conflit, aux côtés des empires centraux.

On ne peut trouver à cette attitude d'extraordinaire détachement de la Conférence de la Paix à l'égard de la question égyptienne qu'une seule raison : c'est que les diplomates auront préféré violer, sur ce point, les grands principes qu'ils se sont imposés, afin d'échapper à des complications internationales engendrées par des visées mutuelles d'impérialisme et de nature à retarder la conclusion d'une paix, ardemment désirée par une humanité souffrante. Si telle fut, effectivement, la raison qui détermina la Conférence à sacrifier le principe de la « justice impartiale » elle n'aura suivi qu'une politique stérile et elle aura frustré l'humanité des bienfaits de ce principe si chèrement payé, sans aboutir d'ailleurs à quoi que ce soit dans le règlement des difficultés internationales.

Les événements démontrent chaque jour que ces difficultés n'en demeurent pas moins épineuses et que les ambitions des impérialistes, loin de s'arrêter aux quote-parts de butin que les hommes d'Etat se sont attribués, tendent au contraire vers de plus longs desseins. Le peuple égyptien, le seul qui ait été sacrifié à un soi-disant règlement des difficultés, continue jusqu'à présent à gémir dans une véritable géhenne de fer et de feu.

Si nous n'avons pu faire entendre la voix de notre peuple par la Conférence, ni en nous réclamant des principes pour lesquels les peuples ont versé leur sang le meilleur, ni en nous réclamant des principes déjà admis longtemps avant la grande guerre du Droit et de la Justice, du moins croyons-nous ne pas échouer dans notre mission cette fois encore, en nous adressant à la Conférence en tant qu'autorité suprême, seule qualifiée pour résoudre les difficultés politiques. La question égyptienne loin d'être définitivement réglée comme l'a voulu le Traité de Versailles, ne fait que commencer.

Il semble qu'on ait si mal apprécié les Égyptiens que seuls, entre les peuples civilisés et bien qu'ils soient les héritiers de la plus haute civilisation de l'antiquité et du moyen âge, ils ont été placés à un rang inférieur aux peuples encore rudimentaires.

Il est impossible à l'Egypte, devant l'indépendance de la Pologne, hier encore fractionnée en morceaux, de l'Indépendance des Tchéco-Slovaques, des Yougo-Slaves, du Hedjaz, etc., d'assister en simple spectatrice de ces beaux rêves réalisés. Elle qui sait qu'aucun de ces pays ne possède ses exactes limites naturelles, ni sa fertilité, ni ses glorieux souvenirs, ni le caractère invariable de sa race, elle qui sait tout ce qu'elle a sacrifié pour le succès de la cause du droit et de la justice à l'heure même où la plupart des peuples devenus aujourd'hui indépendants, combattaient pour le triomphe de l'injustice; non l'Egypte ne peut se contenter de rien moins que son indépendance.

Sans doute, nous ne nions pas la grande influence de l'Angleterre sur la politique mondiale à l'heure actuelle. Mais nous nions énergiquement que l'histoire ait jamais enregistré l'exemple d'un peuple unanime, comme le peuple égyptien, à revendiquer son indépendance, et qui ait pu être gouverné contre sa volonté. L'Egypte est arrivée à un tel degré d'évolution qu'elle ne peut subir aucun asservissement de quelque nature qu'il soit. Les faits sont là pour en témoigner.

Lorsque l'armistice fut conclu, le peuple égyptien nomma une délégation avec mission de soumettre le cas de l'Egypte à la Conférence de la Paix afin que son indépendance soit reconnue. Mais les Anglais, à l'étonnement général, manifestèrent leur intention de maintenir le protectorat et ils crurent pouvoir arriver à leur but par l'emploi de la force. Ils sequestrèrent le peuple dans les limites de ses propres frontières et s'opposèrent à tout départ pour l'Europe. Pendant ce temps, les Egyptiens voyaient, non sans tristesse, passer sur leur territoire, les différentes délégations asiatiques, telles que celles de la Syrie, du Hedjaz, du Liban, de l'Arménie, etc... Ils insistèrent pour qu'on permît à son tour à la Délégation Egyptienne de se rendre à Paris. Pour toute réponse, les autorités britanniques déportèrent à Malte quatre de leurs leaders. Le peuple persistant dans son attitude, des manifestations populaires, essentiellement pacifiques s'organisèrent à travers le pays en signe de protestation. Mais les Anglais poussant à ses extrêmes limites la politique de violence et de terreur en vinrent à commettre de véritables atrocités : tueries en bloc, pillages, destructions, incendies, etc... (ainsi que nous eûmes l'honneur de l'exposer à la Conférence dans notre rapport du 28 juin dernier). Les Egyptiens n'en persistèrent pas moins dans leurs protestations et c'est alors que les Anglais, constatant l'échec de leur politique de terreur — politique vouée par sa nature même à un échec certain dans ces heures cruelles où la terreur est l'instrument de discipline le plus néfaste et la méthode d'asservissement la plus vaine — modifièrent leur attitude et entreprirent d'appliquer des méthodes plus douces, mais ce ne fut, semble-t-il, qu'après avoir réglé en secret la question égyptienne avec les autres impérialistes. C'est alors qu'ils levèrent l'embargo sur le pays et élargirent les leaders déportés. Cependant le Traité de Versailles fut bientôt connu, et naturellement les manifestations populaires recommencèrent en Egypte, mais toujours aussi pacifiques. — Le gouvernement de Londres décida sur ces entrefaites d'envoyer une commission d'enquête sous la présidence de Lord Milner pour fixer le nouveau statut politique sous le régime du protectorat. A ce défi, les Égyptiens indignés décidèrent publiquement et unanimement, pour protester contre le protectorat, de boycotter la commission Milner.

Les Anglais paraissent aujourd'hui décidés à remettre en vigueur la méthode forte ainsi que le prouvent les atroces brutalités du 24 octobre dernier et des jours suivants où des manifestations pacifiques à Alexandrie furent dispersées par le tir des mitrailleuses qui causa de nombreuses victimes entre tués et blessés, dont hélas! plusieurs enfants.

Nous ne cesserons de le répéter : ces tragiques résultats de l'injustice commise contre l'Egypte se répèteront tant que le peuple égyptien n'aura pas obtenu son indépendance. D'une part : entêtement des Anglais à se prévaloir d'un protectorat dont la Conférence n'a point examiné toutes les données, puisque la question n'a pas été discutée contradictoirement et que la partie principalement intéressée n'a pas été entendue; de l'autre : persistance des Égyptiens désarmés à revendiquer leur indépendance, quelque nombreuses que puissent être les victimes que faucheront encore les mitrailleuses anglaises. A cette lamentable situation qu'aggrave fatalement le double désarroi économique et administratif, n'y a-t-il donc pas de remède?

La Conférence a sa part de responsabilité dans ces tristes événements. Elle a jeté l'un contre l'autre, par la stipulation des articles 147 et suivants du Traité de Versailles, l'injustice armée et le droit désarmé, puis elle s'est recusée, refusant d'intervenir. Non, elle ne peut pas dégager sa responsabilité des tragiques conséquences, résultat direct de la remise de l'Egypte à l'Angleterre.

A la Conférence donc, nous demandons la solution de ce grave problème. A la Conférence des Alliés redevable à l'Egypte, en partie, de sa haute fonction d'arbitre suprême de l'humanité, nous soumettons les doléances de l'Egypte et nous implorons avec insistance qu'elle daigne intervenir pour mettre fin aux dangers de la situation actuelle.

Si la Conférence a le moindre doute que la situation en Egypte puisse rester aussi tragique tant que le pays subira par la force, la domination étrangère, nous la prions de déléguer une commission internationale pour procéder à une enquête sur place. Le rapport de cette commission une fois présenté, la Conférence pourra se prononcer en parfaite connaissance de cause.

Si le monde civilisé refuse de consentir à une action injuste envers une nation quelconque, à plus forte raison devrait-il deux fois refuser de consacrer l'asservissement d'une nation qui fut, par deux fois, la messagère de la civilisation dans le monde. Nous connaissons notre pays mieux que personne, et nous sommes en mesure d'assurer la Conférence que son intervention est le seul moyen d'épargner le sang innocent et de maintenir la paix.

Veuillez agréer, Excellence, l'assurance de ma haute considération.

Le Président de la Délégation Egyptienne,

Signé : SAAD ZAGLOUL.

§ 20.

Télégramme de Zagloul Pacha à M. Georges Clemenceau, Président de la Conférence de la Paix.

Paris, le 21 novembre 1919.

Ainsi que nous avons eu l'honneur de le faire savoir à la Conférence de la Paix, les difficultés ne font que continuer en Egypte. Le pays tout entier est fermement décidé à ne pas accepter la domination britannique, cette domination que la Conférence semble avoir sanctionnée sans daigner entendre la voix du principal intéressé. La situation est critique. La proclamation du général Allenby du 15 novembre ne laisse plus de doute sur la volonté de l'Angleterre d'imposer définitivement son protectorat. Le ministre égyptien a aussitôt démissionné en sigle de protestation. Les Egyptiens animés d'un idéal intangible et décidés à revendiquer leur droit à l'indépendance ne peuvent plus manifester pacifiquement sans que les armes anglaises ne fauchent par centaines les paisibles manifestants. Les incidents qui ne font que se dérouler depuis le 16 novembre en témoignent hautement.

La Conférence de la Paix, seule qualifiée pour assurer la paix en Egypte, laissera-t-elle ce malheureux pays se débattre dans le désespoir? Entre les Egyptiens qui ne se fatiguent pas de se faire tuer et les Anglais qui ne se fatiguent pas de tuer, la Conférence n'interviendra-t-elle pas, ne fût-ce qu'au nom des sentiments les plus élémentaires d'humanité.

Le Président de la Délégation Egyptienne,

SAAD ZAGLOUL.

§ 21.

Télégramme de Zagloul Pacha à M. Lloyd George, Premier Ministre.

(Paris, le 22 novembre 1919)

La Politique d'arbitraire et de violence redouble. La Proclamation du général Allenby faite le 15 novembre, naturellement par ordre de votre gouvernement en a marqué le signal. Le peuple avait exprimé sa volonté d'être indépendant et il avait dit le plus pacifiquement du monde qu'il n'entrerait pas en pourparlers avec la Commission de Lord Milner. Malgré cela le gouvernement que vous présidez a maintenu sa décision. Le peuple égyptien unanimement, y compris le ministère choisi pourtant par le général Allenby et qui démissionna aussitôt, a voulu une fois encore manifester pacifiquement son opposition, ce qui était son droit. Les armes anglaises qui, pendant cinq ans, ont combattu pour le droit et la justice se sont retournées contre les paisibles populations dont les fils, aux côtés des soldats britanniques, avaient lutté eux-mêmes pour le triomphe de la justice et du droit, et fauchent tous les jours par centaines, des êtres innocents et désarmés.

Tout ce sang versé devrait émouvoir les cœurs les plus insensibles, mais vos représentants se laissent encore aller à de plus grandes violences. Voilà, en effet, que les autorités militaires britanniques viennent de procéder à l'arrestation de deux nobles et grands vieillards dont toute la vie fut un tel exemple de droiture et de probité qu'elle leur valut le respect de tous. Il n'est pas jusqu'aux simples inspecteurs de police anglais qui ne poussent jusqu'à l'excès l'abominable violence. Parce que contre toute humanité le 18 novembre à Alexandrie, l'un d'eux avait ordonné à un caporal de police égyptien de tirer sur ses compatriotes qui manifestaient paisiblement et parce que le caporal refusa de le faire, l'inspecteur tira sur lui et le tua, et sur ses ordres la fusillade continua causant de nombreux morts et blessés. Indigné contre de tels agissements, le Gouverneur d'Alexandrie câbla sur le champ sa démission au Caire. Ainsi par le fait de violences injustifiées, la situation s'aggrave. La nation égyptienne est foulée aux pieds, sacrifiée à votre politique impérialiste, à votre politique à vous qui avez déclaré en prenant Dieu à témoin que l'Angleterre dans cette guerre ne convoitait aucun pouce de territoire. Dans le malheur qui accable notre pays, nous élevons à la face du monde notre protestation indignée. Le cœur meurtri, mais confiant quand même dans l'avenir, dans la justice immanente, dans le droit victorieux, l'Egypte ne désespère pas, car il est une force plus forte que la force, et c'est l'imprescriptible volonté d'un peuple qui ne craint pas la mort et dont les sacrifices quotidiens à son idéal d'indépendance imposent le respect au monde entier.

Le Président de la Délégation Egyptienne,

SAAD ZAGLOUL.

§ 22.

Télégramme de Zagloul Pacha à M. Georges Clemenceau, Président de la Conférence de la Paix.

Paris, le 23 novembre 1919.

Notre protestation du 21 novembre vous était à peine adressée que les nouvelles d'Egypte nous arrivaient plus graves que jamais. La situation de notre malheureux pays laissé seul en face de l'Angleterre est lamentable. Non seulement, on a confisqué nos libertés politiques, mais encore on nous prive de notre liberté individuelle. Pour l'Angleterre impérialiste, la vie d'un Egyptien n'a guère de prix. C'est par centaines que, tous les jours, les fusils et les mitrailleuses anglaises fauchent hommes, femmes et enfants. C'est l'anarchie de l'arbitraire. Les arrestations se poursuivent. Nul n'est à l'abri des colères britanniques. Ni l'âge, ni la dignité, ni la droiture ne trouvent grâce devant nos oppresseurs.

Toutes ces violences à quoi peuvent-elles aboutir, sinon à exaspérer le patriotisme de nos compatriotes qui prouvent par le sacrifice quotidien de leur vie, qu'ils préfèrent à la vie leur indépendance. La Conférence de la Paix continuera-t-elle à ignorer notre martyre et voudra-t-elle assumer devant l'histoire la lourde responsabilité de nos malheurs et de tout ce sang versé?

A vous, Monsieur le Président, qui fûtes toujours le défenseur des libertés humaines et qui, en 1882, défendîtes du haut de la Tribune française, avec une éloquence si profonde, les droits de l'Egypte; à vous, le représentant respecté d'une France qui, à travers toute son histoire, ne cessa d'être le champion de la justice et du droit, même contre ses propres intérêts, nous adressons une fois encore notre protestation.

Il ne sera pas dit qu'au vingtième siècle, au lendemain de la guerre de libération universelle, à l'aube du droit nouveau qui veut tous les peuples libres et heureux, la France puisse oublier son passé et sacrifier l'Egypte en l'immolant aux ambitions impérialistes anglaises. Nous adjurons la Conférence de la Paix de ne pas laisser se consommer un si grand crime. Car il ne servira de rien aux Anglais de pousser au désespoir treize millions d'hommes qui n'ont qu'une seule et même volonté, la volonté de vivre libres parmi des nations libres.

La mort n'a jamais tué l'idée. La mort n'aura pas raison de l'idéal égyptien.

Le Président de la Délégation Egyptienne,

SAAD ZAGLOUL.

§ 23.

Lettre du Sénateur L. Owen à M. Robert Lansing, Secrétaire d'État.

Washington, D. C., 29 novembre 1919.

Hon. Robert Lansing,
Secrétaire d'État (Washington, D. C.

Mon cher Mr. le Secrétaire,

Le doute a surgi quant à l'interprétation de la reconnaissance par les Etats-Unis du protectorat anglais sur l'Égypte. Cette reconnaissance a été conçue sous la forme suivante :

AGENCE DIPLOMATIQUE ET CONSULAT GÉNÉRAL AMÉRICAINS.

« Le Caire, Egypte, le 22 avril 1919.

J'ai l'honneur de vous informer que j'ai reçu de mon gouvernement l'ordre de vous faire savoir que le Président reconnait le Protectorat Britannique en Egypte proclamé par le Gouvernement de Sa Majesté le 18 décembre 1914. En consentant à reconnaître cet état de choses, le Président doit nécessairement faire des réserves quant aux détails qui feront l'objet d'une discussion ultérieure, ainsi que la question des modifications que peut entraîner cette décision pour les droits des Etats-Unis à cet égard. Je suis chargé de dire que le Président de la République et le peuple américain, tout en sympathisant entièrement avec les légitimes aspirations du peuple égyptien dans le sens d'une plus grande mesure d'autonomie, voient avec regret tout effort entaché de violence fait en vue d'obtenir la réalisation de ces désirs.

(*Signé*) HAMPSON GARY. »

* * *

Quand le protectorat sur l'Egypte fut proclamé par la Grande-Bretagne, le Roi George envoya au Sultan d'Egypte un télégramme publié par le *Times* de Londres du 21 décembre, et dont le texte est ci-dessous :

« A l'occasion où votre Altesse occupe votre haute magistrature, je désire adresser à Votre Altesse l'expression de ma plus sincère amitié et l'assurance de mon immanquable appui pour sauvegarder l'intégrité de l'Egypte et assurer son bien-être et sa prospérité futures.

Votre Altesse a été appelée à assumer les responsabilités de votre haute magistrature au moment où l'Egypte traverse un moment critique dans sa vie nationale et j'ai la conviction que vous serez capable avec la coopération de vos ministres et la protection de la Grande-Bretagne de dominer toutes les influences qui s'appliquent à détruire l'indépendance de l'Egypte, et la richesse, la liberté et le bonheur du peuple.

(*Signé*) George R. and I. »

* * *

Et voici la réponse du Sultan :

« Je présente à Votre Majesté l'expression de ma plus profonde gratitude pour les sentiments d'amitié dont vous avez bien voulu m'honorer et pour l'assurance de votre précieux appui afin de sauvegarder l'intégrité et l'indépendance de l'Egypte. »

* * *

Il ressort, pour cette raison, que quand ce protectorat fut proclamé, il fut déclaré comme une simple mesure pour protéger l'intégrité et l'indépendance.

Un protectorat, en droit international, certes ne signifie pas souveraineté, et s'attribuer une souveraineté déguisée en protectorat serait injustifiable et contraire au droit international.

Le 2 septembre dernier, l'Ambassade Britannique à Washington dit, entre autres, dans une déclaration publique : « Le Gouvernement britannique a soigneusement évité de détruire la souveraineté de l'Egypte. »

Le Feld-Maréchal Allenby, Haut-Commissaire Britannique en Egypte, a fait cependant l'autre jour une proclamation disant que la Grande-Bretagne accorderait une certaine autonomie à l'Egypte. Apparemment il y a là un signe de souveraineté, car c'est seulement le souverain qui peut accorder l'autonomie.

Comme je l'entends, la reconnaissance par les Etats-Unis du protectorat anglais sur l'Egypte est restreinte et fait l'objet de réserves pour une discussion ultérieure, et en accordant cette reconnaissance, je ne crois pas que les Etats-Unis eurent l'intention de priver le peuple égyptien d'aucun de ses droits de souveraineté ou d'indépendance, mais le protectorat ainsi reconnu fut simplement une mesure tendant à sauvegarder l'intégrité et l'indépendance de l'Egypte jusqu'à ce que la même ait été garantie par une Ligue des Nations ou par un accord entre les Puissances.

En outre l'article 148 du traité prévoit des négociations entre la Grande-Bretagne et les autres gouvernements en ce qui concerne la question égyptienne, et cet article, suivant une interprétation nécessaire, devait traiter de la question des droits du peuple égyptien sous les conditions impliquées par les citations précédentes et par les termes expresses de votre lettre du 5 nov. 1918, relatant les conditions sur lesquelles les Etats-Unis et les Alliés se mettraient d'accord pour conclure l'armistice

Comme cette question va être posée devant le Sénat des Etats-Unis d'une manière officielle, en connexion avec la ratification du traité de paix avec l'Allemagne qui contient une clause reconnaissant le protectorat britannique sur l'Egypte, je désire connaître exactement la signification de ce protectorat.

Voulez-vous avoir l'obligeance donc de me faire savoir si l'interprétation que j'ai donné ci-dessus est correcte, et que les Etats n'ont jamais reconnu aucune souveraineté la Grande-Bretagne sur l'Egypte et qu'il n'a pas été dans leur intention, par la dite reconnaissance du protectorat, de transférer du peuple égyptien aucun de ses droits de souveraineté et d'indépendance.

Veuillez me répondre au plus tôt.

L. Owen.

§ 24.

Lettre du Sénateur Owen à M. Robert Lansing.

Washington, le 10 décembre 1919.

Honorable Robert Lansing,
Secrétaire d'Etat,
Washington, D. C.

Mon cher Mr. le Secrétaire,

Par ma lettre du 29 novembre 1919, relative au protectorat anglais en Égypte, j'ai voulu savoir si les Etats-Unis ont, par votre Département, reconnu à aucun moment, une souveraineté quelconque de la Grande-Bretagne sur l'Egypte, et s'il était dans l'intention de votre Département dans la dite reconnaissance du Protectorat du 22 avril 1919, par Mr. Hampson Gary, de reconnaître de façon quelconque le transfert du peuple égyptien d'aucun de ses droits de souveraineté et d'indépendance? J'attire votre attention sur le fait que votre lettre du 9 décembre ne me donne pas le renseignement que j'ai demandé. Je vous serai reconnaissant d'une réponse qui ne saura pas tarder.

(*Signé*) R. L. OWEN.

§ 25.

Lettre de M. Robert Lansing au Sénateur Owen.

Washington, le 16 décembre 1919.

L'honorable Robert L. Owen,
Sénat des Etats-Unis.

Monsieur,

J'ai l'honneur d'accuser réception de votre lettre du 29 novembre dernier, dans laquelle vous vous informez quant à la reconnaissance par le Gouvernement du soi-disant protectorat proclamé par la Grande-Bertagne sur l'Egypte le 18 décembre 1914.

En réponse je vous prie de constater que le Département n'entend pas que l'Egypte était, avant la proclamation anglaise du 18 décembre 1914, en pleine possession des droits d'une souveraineté indépendante.

Le but de la dite reconnaissance du Gouvernement d'avril 1919 était de reconnaître avec les réserves faites alors, un certain contrôle des Affaires égyptiennes, suivant la note du Gouvernement anglais transmise au Département le 18 décembre 1914, dont copie ci-inclus.

Il est entendu que le but de la Grande-Bretagne est de tenir les promesses données par le roi Georges V d'Angleterre au Sultan d'Egypte, et qui ont été publiées dans le *Times* de Londres du 21 décembre 1914.

J'ai l'honneur d'être.....

(*Signé*) ROBERT LANSING.

§ 26.

Télégramme de Zagloul Pacha à M. Georges Clemenceau.

Paris, le 9 décembre 1919.

Monsieur Georges Clemenceau,
Président de la Conférence de la Paix,
Paris.

A l'heure où la Chambre française recevant, après un demi-siècle, les représentants de l'Alsace et Lorraine, acclamait justement l'abrogation du Traité de Francfort, qui disposa des Alsaciens et Lorrains sans leur consentement, nous, Membres de la Délégation Egyptienne, voulons dire avec quelle satisfaction nous enregistrons ce triomphe de la justice et du droit et combien nous nous en réjouissons avec le peuple français.

Lorsque Emile Keller, député du Haut-Rhin, montant pour la dernière fois à la Tribune de l'Assemblée Nationale, le 1er mars 1871, s'écriait : « J'en appelle à tous les peuples qui ne peuvent indéfiniment se laisser vendre comme un vil bétail » il exprimait une vérité éternelle dont l'heureuse formule devait être reprise un jour par le Président Wilson et recevoir l'approbation unanime des Alliés. Mais le Traité de Versailles, par une incompréhensible contradiction, a disposé du peuple égyptien sans son consentement, donnant ainsi satisfaction à cette politique de conquêtes que vous condamniez hier dans votre éloquente réponse aux députés d'Alsace et de Lorraine.

Le peuple égyptien ne peut accepter la clause du Traité de Versailles qui le concerne. Il réclame, comme le firent toujours les Alsaciens et Lorrains, que justice lui soit rendue. Comme pour le traité de Francfort, l'abrogation seule de cette clause illégale pourra apporter aux Egyptiens la paix, et à tout l'Orient la confiance dans les puissances alliées et associées.

Le Président de la Délégation Egyptienne,

SAAD ZAGLOUL.

§ 27.

Protestation des Ulémas d'Égypte.

I

Les Ulémas viennent d'envoyer la protestation suivante contre les incidents qui ont eu lieu dernièrement à Al-Azhar, à Son Alttesse le Sultan, à S. E. le Premier Ministre et à Lord Allenby.

Cette protestation est signée par plus de 200 Ulémas dont le Grand Mufti, le Grand Cadi, le Cheikh ul Islam, le Chancelier d'Al-Azhar, les chefs des différentes communautés religieuses et les professeurs d'Al-Azhar. Voici le texte de cette protestation :

« Jeudi, 18 Rabin el Awal (11 décembre), à 11 heures du matin; un détachement de troupes britanniques poursuivant un groupe de manifestants, a envahi la Sainte Mosquée d'Al-Azhar, les soldats portant leurs chaussures et tenant en main leurs bâtons ont violé ce sanctuaire sacré et profané cette grande université islamique qui est le refuge des étudiants musulmans du monde entier. Ils ont frappé et menacé, puis ils ont assailli le bureau de l'Administration Générale, pendant que les employés s'adonnaient à leur travail. Ils ont enfin tenté de briser la porte privée du bureau du Chancelier de la Grande Mosquée. La terreur provoquée par leurs actes a été considérable dans tout Al-Azhar.

« Cet incident a peiné tous les Egyptiens résidant au Caire et leur a causé la plus vive douleur. Cette triste impression sera éprouvée par tout le pays et par tout le monde islamique.

« Nous soussignés, Ulémas et Cheikhs de Al-Azhar, protestons vivement contre cette regrettable violation, conformément à notre devoir et aux obligations qui dérivent pour nous du service de la Sainte-Mosquée. »

(*Suivent les signatures*).

II

Les 200 signataires de cette protestation, y compris les grands chefs dont nous avons donné plus haut les noms, ont également adressé à S. H. le Sultan, à S. E. le Premier Ministre et à Lord Allenby, la note suivante :

« Etant données les circonstances présentes et les calamités qui se sont abattues sur le pays et qui ont atteint un degré de gravité telle, qu'on ne saurait plus longtemps les laisser passer sous silence, les ulémas et les membres du haut conseil de l'Université d'Al-Azhar considèrent que l'un des devoirs les plus sacrés qui incombent aux chefs religieux et qui leur ont été imposés par Dieu est de ne pas négliger leur mission qui consiste à donner des avis et une direction susceptible de sauvegarder la paix sur terre et de fortifier les bonnes relations entre les peuples sur la base solide de la concorde et de la justice. Cela en conformité des ordres de Dieu prescrits par toutes les lois religieuses et particulièrement par la sainte loi d'Islam.

« A l'unanimité, la nation égyptienne s'en est tenue à son droit légitime de complète indépendance. Elle a traduit sa volonté de disposer d'elle-même par tous les moyens légitimes en son pouvoir. Mais elle n'a rencontré de la part du Gouvernement anglais aucune disposition à reconnaître ce droit. De cela est née dans l'esprit public une inquiétude qui s'est manifestée par la continuation des troubles et la perturbation dans les affaires tant publiques que privées.

« En conséquence, les signataires du présent manifeste sont d'avis que le seul moyen d'établir la paix dans le pays et de réconcilier les deux parties en sauvegardant les intérêts de chacune d'elles, est que la Grande-Bretagne fasse honneur à ses engagements et reconnaisse l'indépendance complète d'un pays, que distinguent entre tous un passé glorieux et une situation particulière de prépondérance dans tout l'Orient. Ainsi prendront fin les mesures de violence dont les effets déplorables se sont faits ressentir pendant si longtemps. La population entière pourra alors rentrer dans le calme habituel et la tranquillité, sans nourrir le moindre ressentiment contre le Gouvernement Britannique et après avoir sauvegardé les intérêts de ce Gouvernement de la même manière et dans la même mesure que ceux des autres puissances.

« Telle est la vérité que Dieu a révélée. En la faisant entendre, nous accomplissons le devoir qui incombe à tous les chefs religieux. Nous en appelons témoignage de Dieu. Il est le meilleur de tous les témoins. »

CHAPITRE VI

Documents sur la Mission Milner

DOCUMENTS SUR LA MISSION MILNER

§ 1.

Entrevue de Lord Milner avec le Grand Mufti

Lord Milner s'est rendu le samedi 20 décembre 1919 à 6 heures à Zeitoun chez le cheikh Bekhit.

Après avoir échangé les salutations d'usage, Lord Milner dit au Mufti :

LE LORD. — Je vous remercie d'avoir bien voulu me fixer un rendez-vous et je vous exprime tout le plaisir que je ressens à causer avec un homme aussi important que le Mufti. Aussi, continua-t-il, je constate que l'Egypte s'est beaucoup modifiée, elle est absolument différente de celle que j'ai connue lors de mon séjour ici.

LE MUFTI. — Oui, elle s'est modifiée, mais en mieux.

LE LORD. — Oui, les finances du pays sont bonnes et le progrès matériel du pays est grand.

LE MUFTI. — Mais aussi au point de vue intellectuel, l'Egypte a fait des progrès sensibles.

LE LORD. — Peut-être bien. Seulement, je constate un grand trouble dans les esprits sans en connaître les causes, pourrez-vous m'éclairer?

Le Mufti. — La cause du trouble est intuitive. Au moment où aux quatre coins du monde on annonce aux peuples l'application du principe de liberté, on prive l'Egypte de ce droit et au lieu de déclarer son indépendance, l'Angleterre lui impose un protectorat.

Le Lord. — Le protectorat peut-il donner lieu à de telles alarmes?

Le Mufti. — Je ne saurais vous répondre autrement qu'en vous demandant ce que ferait le peuple anglais si demain la France le déclarait sous son protectorat.

Le Lord. — Il n'y a pas de comparaison. L'Angleterre était indépendante de tous temps, ce n'est pas le cas de l'Egypte.

Le Mufti. — L'Egypte était indépendante et n'avait avec la Turquie qu'un lien religieux. D'ailleurs, quel que soit le protectorat, il ne fait que faire rétrograder l'Egypte.

Le Lord. — Je trouve que le protectorat protège l'Egypte contre tout État étranger qui voudrait violer votre territoire.

Le Mufti. — Mais les Egyptiens ne voient leur bonheur que dans l'indépendance. Si l'intention de l'Angleterre est telle, vous devez avec les Puissances encourager notre lutte et nous aider par tous les moyens à recouvrer notre indépendance.

Le Lord. — Est-ce que les Egyptiens ignorent que l'intérêt de nos deux peuples est dans le protectorat? Ignorent-ils aussi que l'Indépendance de l'Egypte est un danger pour nous et un péril pour notre situation et nos intérêts en Orient.

LE MUFTI. — Les Egyptiens n'ignorent pas vos intérêts et ceux des Puissances, mais je ne considère pas le protectorat comme une solution des plus satisfaisantes. L'indépendance seule résoudra ce problème et on peut vous donner toutes les garanties à vous et à chaque puissance proportionnellement à ses intérêts sans toucher à notre indépendance? D'ailleurs les pays qui sont des objets de convoitise ont toujours créé des difficultés aux Puissances et on a toujours trouvé que la seule solution était de donner l'indépendance à ces pays afin d'éviter des conflagrations et des guerres.

LE LORD. — La discussion est nécessaire puisque nous voulons sauvegarder réciproquement, vous vos droits et nous, nos intérêts. Nous pouvons nous entendre pour neuf points sur dix.

LE MUFTI. — Toute discussion est bonne et conduit à la constatation de la vérité. La question, au point de vue logique, se divise en deux parties : la première est l'indépendance de l'Egypte qui ne souffre aucune discussion, il est préférable qu'on le reconnaisse. La seconde est la question des garanties et ceci demande à être discuté. Seulement la première partie est la base de la seconde et lorsque vous reconnaîtrez notre indépendance, aucun Egyptien ne se refusera à étudier avec vous toutes les modalités nécessaires pour défendre notre indépendance contre toute violation par les Puissances.

. . . .

L'entretien se déroula ensuite sur le boycottage de la Commission Milner par les Egyptiens.

. . . .

LE MUFTI. — Sur le terrain limité du protectorat aucun Egyptien n'acceptera de causer avec vous.

LE LORD. — Je crois que certains voudraient déposer devant ma commission, mais ils ont peur.

LE MUFTI. — Aucun pays n'est exempt de traîtres. Celui qui se respecte et respecte le sentiment de ses compatriotes n'accepte pas ces paroles.

LE LORD. — Pouvez-vous convaincre vos compatriotes que la discussion avec nous est préférable pour eux?

Leur silence nous oblige à imposer notre volonté par des ordres. Et vous n'ignorez pas que nous sommes la plus forte nation du monde. Aucun Etat n'osera s'opposer à notre volonté. Par la discussion avec vous, nous voulons être vos amis, ne nous laissez pas vous dicter notre volonté.

LE MUFTI. — En ma qualité de chef de la religion musulmane en Egypte, je n'accepterai jamais de convaincre les autres de ce qui révolte ma conscience. La nation entière est décidée à lutter pour l'indépendance. D'ailleurs, je n'ai jamais ignoré la force de l'Angleterre ni sa situation prépondérante dans le concert européen.

Mais si les Egyptiens se soumettent aujourd'hui à la force, à la première occasion ils se révolteront contre elle. Il ne faut jamais compter sur sa force, car les temps changent et permettez-moi de vous répéter la parole d'un de nos poètes :

Prends garde contre ton ennemi une fois.
Et contre ton ami mille fois.

L'ami, s'il change, est plus à même de te nuire.

LE LORD. — Je crois que tous deux nous nous évitons trop et le mal peut être irréparable; nous pourrions nous rencontrer à mi-chemin.

LE MUFTI. — Il faut pour cela abandonner votre position actuelle, alors vous verrez les Egyptiens vous attendre.

LE LORD. — Pourquoi alors les Egyptiens n'avancent-ils pas les premiers; ignorent-ils notre bonne foi?

LE MUFTI. — Les Anglais n'ont pas négligé une occasion pour obliger les gens à douter d'eux. Vous n'ignorez pas les promesses et déclarations innombrables des hommes d'Etat anglais qui nous ont déclaré vouloir ne jamais violer notre indépendance. Il faut reconnaître avant tout l'indépendance pour nous donner confiance.

LE LORD. — Ne croyez-vous pas que malgré la méfiance on pourrait causer pour trouver une solution?

LE MUFTI. — Vous demandez l'impossible.

LE LORD. — Mais ne suis-je pas venu causer avec vous malgré la déclaration des Ulémas d'Al-Azhar?

LE MUFTI. — Lorsque le faible demande au fort son droit, il n'agit aucunement en ennemi, et c'est ainsi que pensent les hommes d'Al-Azhar.

Seulement votre déclaration est l'expression de la pensée du Gouvernement le plus fort, on peut le considérer comme un acte de force.

LE LORD. — Je vous exprime toute mon admiration pour ce manifeste des Ulémas.

LE MUFTI. — J'ai confiance dans votre amour pour la justice. Je suis convaincu que vous ne pouvez pas juger mal les Egyptiens qui, en réclamant leur indépendance, se disposent à vous donner toutes les. garanties.

Le Lord. — J'aime les Egyptiens et recherche leurs intérêts.

Le Mufti. — Peut-on comprendre alors que vous acceptez l'indépendance avec les garanties?

Le Lord. — C'est une chose à laquelle nous ne sommes pas arrivés. Je crois que les Egyptiens peuvent causer avec moi sans aucun danger pour eux.

Le Mufti. — Je regrette ! Je n'en vois pas le moyen. Tant que la confiance n'est pas réciproque, toute discussion est inutile et vous ne pouvez avoir cette confiance qu'en déclarant l'indépendance.

Le Lord. — Je suis très heureux d'avoir causé avec vous, et vous remercie avant de partir de m'avoir sacrifié deux heures de votre temps si précieux.

§ 2.

Communiqué de la Mission Milner

(Le Caire, le 29 décembre 1919)

« Les Membres de la Mission Britannique ont constaté qu'il s'est répandu largement en Egypte l'idée qu'ils seraient venus dans l'intention de priver l'Egypte des droits qu'elle possédait antérieurement. Cette impression ne s'appuie sur aucune base. Le Gouvernement de Sa Majesté Britannique, avec l'approbation du Parlement, a accordé à la Mission la tâche de concilier les aspirations du peuple égyptien avec les intérêts spéciaux de la Grande-Bretagne en Egypte, ainsi qu'avec les droits légitimes de tous les étrangers dans ce pays.

« Nous sommes convaincus que, moyennant la bonne volonté d'une part et de l'autre, l'objet envisagé pourra se réaliser. La Mission désire sincèrement que les relations entre la Grande-Bretagne et l'Egypte soient établies sur la base d'une entente amicale, qui mettra fin à tout désaccord et qui permettra au peuple égyptien de consacrer toutes ses énergies au développement de son pays sous un régime autonome.

« En remplissant sa tâche, la Mission désire prendre connaissance de tous les points de vue, soit de groupes ayant caractère représentatif, soit d'individus qui ont à cœur le bien-être de leur pays. La Mission ne cherchera point à limiter le champ des discussions. Il n'y a pas lieu de craindre que les convictions de ceux qui se présenteront devant la Mission ne soient compromises par une libre expression d'opinions. Ils ne s'engageront nullement en soumettant leur manière de voir, comme de son côté la Mission ne s'engagera pas en les écoutant. A défaut d'un échange de vues entièrement franc, il sera difficile de mettre un terme aux malentendus et d'arriver à un accord.»

Le 29 décembre 1919.

§ 3.

Message des Princes Égyptiens à Lord Milner

4 Janvier 1920.

Les Princes Egyptiens, descendants de Mehemet-Ali se font l'honneur de vous communiquer ce qui suit :

Les diverses classes de la Nation Egyptienne ont suffisamment montré leur amour et leur sacrifice pour la Patrie. L'Egypte a exprimé ses espoirs et ses revendications par la réclamation de son indépendance complète. La preuve est palpable, vous l'avez constaté vous-même.

On ne peut plus accuser le peuple égyptien d'être mû par des sentiments étrangers à cet amour de la patrie ou d'être travaillé par des influences occultes cherchant un intérêt personnel quelconque.

Tous les actes du peuple égyptien démontrent d'une façon probante que c'est dans sa force même qu'il puise toute son énergie qui n'est que l'expression ultime de son patriotisme.

En conséquence, nous pouvons vous assurer que non seulement nous revendiquons avec notre peuple l'indépendance complète; mais corps et âme nous nous solidarisons avec lui.

Avec le peuple égyptien nous formons un bloc unique et indivisible luttant pour défendre les droits sacrés de la Patrie et nous ne cesserons jamais de revendiquer son indépendance complète.

PRINCE KAMEL EL DINE HUSSEIN,
PRINCE OMAR TOUSSOUN,
PRINCE MEHEMET ALI IBRAHIM,
PRINCE YOUSSEF KAMAL,
PRINCE ISMAÏL DAVID,
PRINCE MANSOUR DAOUD.

N. B. — Lord Milner a accusé réception de cette lettre.

§ 4.

Message des Princes au Peuple Égyptien

Fils d'Egypte et chers Compatriotes,

La volonté divine a mis l'avenir de l'Egypte entre les mains de son créateur et son serviteur, le Sauveur de l'Egyptien moderne et son guide notre Seigneur et Grand-Père, Mehemet Ali, Plein de courage, de fidélité et de sagesse, il est le héros de la renaissance nationale égyptienne.

Les descendants de Mehemet Ali se doivent à ce cher pays, source de leur bonheur, aussi continuent-ils la tradition de leur Grand-Père pour la réalisation de son projet de rendre l'Egypte aux Egyptiens.

La noble nation égyptienne, en se levant pour accomplir son devoir, s'est fait une place d'honneur au monde et augmente notre fierté.

Comme il ne reste aucune classe de la nation égyptienne qui n'ait revendiqué ses droits naturels et sacrés pour l'indépendance, nous venons nous, les fils de Mehemet Ali, non seulement nous associer à vous dans vos espoirs et vos buts, mais pour exposer notre poitrine avec celle de tout combattant. N'ayant ainsi qu'une seule âme, nous n'aurons qu'un seul corps et une seule et grande force qui ne peut fléchir.

Nous revendiquons avec la Nation entière, l'indépendance de l'Egypte intégrale et complète et sans aucune réserve.

§ 5.

Lettre de Zagloul Pacha sur Lord Milner et sa Mission.

(Lettre adressée au Président du Comité local de la Délégation Égyptienne au Caire.

Paris, le 21 janvier 1920.

Excellence,

Nous avons reçu le rapport que vous nous avez envoyé par l'entremise d'Aly Bey Maher. Nous l'avons attentivement parcouru comme nous avions attentivement lu le communiqué de Lord Milner et nous vous avons aussitôt télégraphié que nous partagions complètement votre avis.

Nous avons constaté comme vous ce fait évident que le Communiqué de Lord Milner ne déroge en rien aux déclarations qui l'ont précédé sauf que le mot « Protectorat » n'y paraît pas et qu'il est écrit en termes aimables. Quant au fond, rien n'est changé. Ce Communiqué, comme les déclarations qui l'ont précédé, considère l'Egypte vassale de l'Angleterre, la Commission Milner, une Commission d'enquête et les Egyptiens, des quémandeurs. Le but de la Commission est d'élaborer un régime administratif dans les limites du self-government.

Or, nous n'admettons rien de tout cela.

La Grande-Bretagne n'a aucun droit de suzeraineté sur l'Egypte; nous ne reconnaissons à sa Commission aucun pouvoir d'enquête chez nous et notre but est de jouir de tous nos droits à l'indépendance complète.

Il est vrai que le Communiqué a élargi la base de la discussion, mais il en a eu même temps limité l'objet à l'octroi d'un self-government, démolissant ainsi d'une main ce qu'il bâtissait de l'autre. Bien plus, la Commission ne s'y considère nullement engagée par la discussion ainsi élargie et réserve toute sa liberté. De telle sorte que la question en reste au même point : le Protectorat n'est pas levé, mais confirmé et l'indépendance n'est pas réalisée, mais diminuée. Le seul avantage du Communiqué est de faciliter la tâche de la Commission d'enquête à nos dépens — ce que nous ne saurions admettre. D'autant moins que la Commission est venue malgré nous, malgré l'unanimité de la Nation, ne reculant devant aucune violence pour préparer la voie à son arrivée qu'elle a fait précéder de la formation d'un ministère que l'opinion publique n'approuve pas.

Il est facile de comprendre dans ces conditions que jamais l'idée ne pouvait nous venir, à la suite de ce Communiqué de rentrer en Egypte. Surtout que les Anglais n'eussent pas manqué de considérer notre retour comme un succès de leur politique et de l'interpréter de toutes les manières susceptibles d'égarer l'opinion publique en Europe, notamment en Angleterre.

Peut-être nous serions-nous exposés à un tel danger et eussions hâté ce succès si, en compensation, les Anglais nous avaient fait des promesses positives sur lesquelles nous eussions pu compter. Mais ils n'en ont rien fait et nous ne nous illusionnons pas au point de croire qu'ils le feraient après notre arrivée en Egypte. D'autre part, si en élargissant le champ de la discussion ils en avaient également élargi le but, nous eussions pu espérer les convaincre de la justice de notre cause. Mais ce but a été fixé bien au-dessous de nos aspirations dans un communiqué censé publié pour nous donner satisfaction. Ils nous font l'effet, en cela, de certaines lois allemandes qui autorisaient l'audition des témoins après le prononcé du jugement.

Nous avons donc estimé que notre retour en Egypte dans de telles conditions serait un acte à la fois inutile et naïf dont les Anglais ne manqueraient pas de se prévaloir pour prétendre qu'il a suffi d'un petit changement dans la forme de leurs déclarations, pour amener toute la Nation Egyptienne à changer complètement d'attitude envers la Commission, et de passer du boycottage le plus absolu à la négociation !

Non, nous ne sommes pas encore arrivés à ce degré de simplicité et la question est beaucoup trop importante pour qu'un tel changement puisse l'influencer.

Nous acceptons de négocier, mais à la condition que la partie soit égale, que nous ayons les mêmes droits dans la discussion, que chacune des deux parties représente son pays, que le but soit d'arriver à un accord garantissant à l'Egypte son indépendance complète et à l'Angleterre les intérêts qu'elle a en notre pays pourvu que ces intérêts ne soient pas en contradiction avec notre indépendance, enfin que les Puissances reconnaissent cet accord et que la Société des Nations en prenne acte.

Dès que les Anglais feront une déclaration officielle dans ce sens, que la loi martiale aura été abolie et que l'on nous aura assuré la liberté de revenir reprendre notre travail quand nous le voudrons, alors nous irons en Egypte pour entamer les négociations.

Quant à une négociation en Europe, nous sommes disposés à l'entamer avec la Commission

Milner ou toute autre dès lors qu'elle aura lieu sans engagement et que ce qui importe c'est le résultat auquel nous arriverons dans les limites du mandat qui nous est donné.

Aussi, si les Anglais désirent réellement notre amitié et veulent baser leurs relations avec nous sur une entente réciproque, rien ne leur sera plus facile que de suivre l'une de ces deux voies pour atteindre le but visé.

Ils doivent assurément comprendre que les Egyptiens ne sont pas des naïfs et qu'ils connaissent assez leurs droits pour ne plus se fier aux paroles, mais aux actes et pour ne vouloir d'aucune alternative à leur complète indépendance !

Ils pourront nous contraindre à subir le régime qu'ils voudront. Il ne leur serait même pas difficile de faire approuver leur protectorat par toutes les Puissances. Mais cela ne supprimera pas notre droit. Notre droit demeurera entier et nous continuerons à le revendiquer par tous les moyens. Si aujourd'hui, aucun Gouvernement étranger ne peut nous aider, il existe, par contre, des libéraux dans tous les pays, qui nous accordent toutes leurs sympathies et qui défendent notre cause par la plume et la parole.

Qui nous dit que nous n'aurons demain une aide puissante? Le Destin est si changeant ! Que d'ennemis se sont réconciliés et que d'alliés sont devenus des ennemis mortels ! Nous ne pouvons d'ailleurs, ne pas tenir compte de l'extension considérable de l'empire britannique, des troubles qui agitent ses possessions et les Etats voisins, de la diffusion des principes démocratiques dans le monde en général et dans le Royaume-Uni en particulier, de la menace du Parti ouvrier et de sa prochaine accession au pouvoir ainsi que le prouvent les résultats des élections partielles et les grèves devenues si fréquentes en Angleterre.

Ce sont là des faits qui nous encouragent à ne pas compromettre notre droit, à nous y tenir au contraire fermement et à boycotter une Commission venue malgré nous pour nous faire accepter une diminution de ce droit. Nous devrons la boycotter jusqu'à ce qu'elle s'en retourne avec l'aveu de son échec. La Nation Britannique et le monde entier sauront alors que l'Egypte est parfaitement unie dans la revendication de sa complète indépendance et qu'on ne pourrait la contraindre à accepter ce dont elle ne veut pas sans porter atteinte à l'honneur des promesses de l'Angleterre, sans déroger aux traités qu'elle a signés, sans violer les principes qu'elle a acceptés et sans exposer sa tranquillité et sa paix à de graves dangers. Ils sauront de plus que la meilleure voie à suivre est que la Grande-Bretagne remplisse ses engagements, qu'elle fasse de l'Egypte une alliée amie au lieu d'une vassale hostile attendant continuellement l'occasion de se soulever contre elle et préférant mourir plutôt que de se soumettre à l'Angleterre.

Veuillez agréer, etc...

Signé : SAAD ZAGLOUL.

CHAPITRE VII

Convention du 29 Octobre 1888
concernant
le Canal de Suez

CONVENTION DU 29 OCTOBRE 1888 CONCERNANT LE CANAL DE SUEZ

ARTICLE PREMIER. — Le canal maritime de Suez sera toujours libre et ouvert, en temps de guerre comme en temps de paix, à tout navire de commerce et de guerre, sans distinction de pavillon.

En conséquence, les Hautes Parties contractantes conviennent de ne porter aucune atteinte au libre usage du canal, en temps de guerre comme en temps de paix.

Le canal ne sera jamais assujetti à l'exercice du droit de blocus.

ART. 2. — Les Hautes Parties contractantes, reconnaissant que le canal d'eau douce est indispensable au canal maritime, prennent acte des engagements de Son Altesse le Khédive envers la Compagnie universelle du canal de Suez en ce qui concerne le canal d'eau douce, engagements stipulés dans une convention en date du 18 mars 1863, contenant un exposé et quatre articles.

Elles s'engagent à ne porter aucune atteinte à la sécurité de ce canal et de ses dérivations, dont le fonctionnement ne pourra être l'objet d'aucune tentative d'obstruction.

ART. 3. — Les Hautes Parties contractantes s'engagent de même à respecter le matériel, les établissements, construction et travaux du canal maritime et du canal d'eau douce.

Art. 4. — Le canal maritime restant ouvert en temps de guerre comme passage libre, même aux navires de guerre des belligérants, aux termes de l'article premier du présent traité, les Hautes Parties contractantes conviennent qu'aucun droit de guerre, aucun acte d'hostilité, ou aucun acte ayant pour but d'entraver la libre navigation du canal ne pourra être exercé dans le canal et ses ports d'accès, ainsi que dans un rayon de trois milles marins de ces ports, alors même que l'empire ottoman serait l'une des puissances belligérantes.

Les bâtiments de guerre des belligérants ne pourront, dans le canal et ses ports d'accès, se ravitailler ou s'approvisionner que dans la limite strictement nécessaire. Le transit desdits bâtiments par le canal s'effectuera dans le plus bref délai d'après les règlements en vigueur et sans autre arrêt que celui qui résulterait des nécessités du service. Leur séjour à Port-Saïd et dans la rade de Suez ne pourra dépasser vingt-quatre heures, sauf le cas de relâche forcée. En pareil cas, ils seront tenus de partir le plus tôt possible. Un intervalle de vingt-quatre heures devra s'écouler entre la sortie d'un port d'accès d'un navire belligérant et le départ d'un navire appartenant à la puissance ennemie.

Art. 5. — En temps de guerre, les puissances belligérantes ne débarqueront et ne prendront dans le canal et ses ports d'accès ni troupes, ni munitions, ni matériel de guerre. Mais dans le cas d'un empêchement accidentel dans le canal, on pourra embarquer ou débarquer, dans les ports d'accès, des troupes fractionnées par groupes n'excédant pas 1.000 hommes, avec le matériel de guerre correspondant.

Art. 6. — Les prises seront soumises sous tous les rapports au même régime que les navires de guerre des belligérants.

Art. 7. — Les puissances ne maintiendront dans les eaux du canal (y compris le lac Timsah et les lacs Amers) aucun bâtiment de guerre.

Toutefois dans les ports d'accès de Port-Saïd et de Suez, elles pourront faire stationner des bâtiments de guerre dont le nombre ne devra pas excéder deux pour chaque puissance.

Ce droit ne pourra être exercé par les belligérants.

Art. 8. — Les représentants en Egypte des puissances signataires du présent traité seront chargés de veiller à son exécution. En toute circonstance qui menacerait la sécurité ou le libre passage du canal, ils se réuniront, sur la convocation de trois d'entre eux et sous la présidence de leur doyen, pour procéder aux constations nécessaires. Ils feront connaître au Gouvernement Khédivial le danger qu'ils auront reconnu, afin que celui-ci prenne les mesures propres à assurer la protection et le libre usage du canal.

En tout état de cause, ils se réuniront une fois par an pour constater la bonne exécution du traité. Ces dernières réunions auront lieu sous la présidence d'un commissaire spécial nommé à cet effet par le gouvernement impérial ottoman. Un commissaire khédivial pourra également prendre part à la réunion et la présider en cas d'absence du commissaire ottoman.

Ils réclameront notamment la suppression de tout ouvrage ou la dispersion de tout rassemblement qui, sur l'une ou l'autre rive du canal, pourrait avoir pour but ou pour effet de porter atteinte à la liberté et à l'entière sécurité de la navigation.

Art. 9. — Le gouvernement égyptien prendra, dans la limite de ses pouvoirs, tels qu'ils résultent des firmans, et dans les conditions prévues par le présent traité, les mesures nécessaires pour faire respecter l'exécution dudit traité.

Dans le cas où le gouvernement égyptien ne disposerait pas de moyens suffisants, il devra faire appel au gouvernement impérial ottoman, lequel prendra les mesures nécessaires pour répondre à cet appel, en donnera avis aux autres puissances signataires de la déclaration de Londres, du 17 mars 1885, et, au besoin, se concertera avec elles à ce sujet.

Les prescriptions des articles 4, 5, 7 et 8 ne feront pas obstacle aux mesures qui seront prises en vertu du présent article.

Art. 10. — De même les prescriptions des articles 4, 5, 7 et 8 ne feront pas obstacle aux mesures que Sa Majesté Impériale le Sultan et Son Altesse le Khédive, au nom de Sa Majesté Impériale et dans les limites des firmans concédés, seraient dans la nécessité de prendre pour assurer, par leurs propres forces, la défense de l'Egypte et le maintien de l'ordre public.

Dans le cas où Sa Majesté Impériale le Sultan et Son Altesse le Khédive se trouveraient dans la nécessité de se prévaloir des exceptions prévues par le présent article, les puissances signataires de la déclaration de Londres en seraient avisées par le gouvernement impérial ottoman.

Il est également entendu que les prescriptions des quatre articles dont il s'agit ne porteront, en aucun cas, obstacle, aux mesures que le gouvernement impérial ottoman croira nécessaire de prendre pour assurer par ses propres forces la défense de ses autres possessions situées sur la côte orientale de la mer Rouge.

ART. 11. — Les mesures qui seront prises dans les cas prévus par les articles 9 et 10 du présent traité ne devront pas faire obstacle au libre usage du canal.

Dans ces mêmes cas, l'érection de fortifications permanentes élevées contrairement aux dispositions de l'article 8 demeure interdite.

ART. 12. — Les Hautes Parties contractantes conviennent par application du principe d'égalité en ce qui concerne le libre usage du canal, principe qui forme l'une des bases du présent traité, qu'aucune d'elles ne recherchera d'avantages territoriaux ou commerciaux, ni de privilège dans les arrangements internationaux qui pourront intervenir, par rapport au canal. Sont d'ailleurs réservés les droits de la Turquie comme puissance territoriale.

ART. 13. — En dehors des obligations prévues expressément par les clauses du présent traité, il n'est porté aucune atteinte aux droits souverains de Sa Majesté Impériale le Sultan et aux droits et immunités de Son Altesse le Khédive, tels qu'ils résultent des firmans.

ART. 14. — Les Hautes Parties contractantes conviennent que les engagements résultant du présent traité ne seront pas limités par la durée des actes de concession de la Compagnie universelle du canal de Suez.

ART. 15. — Les stipulations du présent traité ne feront pas obstacle aux mesures sanitaires en vigueur en Égypte.

Art. 16. — Les Hautes Parties contractantes s'engagent à porter le présent traité à la connaissance des Etats qui ne l'ont pas signé, en les invitant à y accéder.

Art. 17. — Le présent traité sera ratifié et les ratifications en seront échangées à Constantinople dans un délai d'un mois, ou plus tôt si faire se peut.

En foi de quoi, etc...

CHAPITRE VIII

Convention Milner - Zagloul

CONVENTION MILNER-ZAGLOUL

Lettre de Lord Milner

18 Août 1920.

Le memorandum ci-joint est le résultat de conversations qui ont eu lieu à Londres de juin à août 1920, entre Lord Milner et les Membres de la Mission Spéciale pour l'Egypte, et Zagloul Pacha et les Membres de la Délégation Egyptienne, auxquelles conversations Adli Pacha prit part également. Ce memorandum esquisse la politique à suivre pour le règlement de la question Egyptienne au mieux des intérêts de la Grande-Bretagne et de l'Egypte.

Les membres de la Mission recommanderaient au Gouvernement britannique d'adopter la politique indiquée dans le Memorandum s'ils sont *convaincus* que Zagloul Pacha et la Délégation sont également préparés à la défendre et useront de toute leur influence pour obtenir le consentement d'une Assemblée Nationale Egyptienne à la conclusion d'un tel traité ainsi qu'il est prévu dans les articles 3 et 4.

Il est clair que, si les deux parties ne sont pas cordialement unies pour soutenir le projet, la politique conseillée ici ne pourrait être poursuivie avec succès.

Signé, M. 18/8/20.

MEMORANDUM

1. — Dans le but d'établir l'indépendance de l'Egypte sur des bases solides et durables, il est nécessaire que les relations entre la Grande-Bretagne et l'Egypte soient définies avec précision, et que les privilèges et immunités dont jouissent en Egypte les Puissances capitulaires soient modifiées et rendues moins préjudiciables aux intérêts du pays.

2. — Ces buts ne peuvent être atteints sans de plus amples négociations : premièrement entre des représentants accrédités des Gouvernements anglais et égyptien; et ensuite entre le Gouvernement anglais et les Gouvernements des Puissances capitulaires. Ces négociations auront pour but d'arriver à des arrangements définitifs sur les bases suivantes :

3. — (I) Un traité sera conclu entre l'Egypte et la Grande-Bretagne, par lequel la Grande-Bretagne reconnaîtra l'indépendance de l'Egypte comme monarchie constitutionnelle, avec des institutions représentatives, et l'Egypte accordera à la Grande-Bretagne les droits qui lui sont nécessaires pour sauvegarder ses intérêts spéciaux et lui permettre de donner les garanties qui doivent être accordées aux Puissances étrangères pour obtenir le désistement de leurs droits capitulaires.

(II) Par le même traité une Alliance sera conclue entre la Grande-Bretagne et l'Egypte, par laquelle la Grande-Bretagne s'engagera à aider l'Egypte dans la défense de son intégrité territoriale et l'Egypte s'engagera, en cas de guerre, même quand l'intégrité de son territoire ne sera pas menacée, à accorder à la Grande-Bretagne toute l'aide en son pouvoir, dans ses propres frontières, y compris l'usage de ses ports, aérodromes et moyens de communication pour les besoins militaires.

4. — Ce traité comprendra des stipulations ayant pour but les effets suivants :

(I) L'Egypte jouira du droit de représentation auprès des pays étrangers. En l'absence d'un représentant Égyptien dûment accrédité, le Gouvernement Égyptien confiera ses intérêts aux soins du représentant britannique. L'Egypte s'engage à ne pas adopter dans les pays étrangers, une attitude incompatible avec l'alliance, ou pouvant créer des difficultés à la Grande-Bretagne, et aussi à ne conclure avec les Puissances étrangères aucune convention qui soit préjudiciable aux intérêts britanniques.

(II) L'Egypte accordera à la Grande-Bretagne le droit d'entretenir une force militaire sur le sol Egyptien pour la protection de ses communications impériales. Le traité fixera le point où les troupes seront cantonnées, et règlera toutes les questions subsidiaires qui se présenteront. La présence de cette force ne constituera en aucun cas une occupation militaire du pays, et ne portera aucune atteinte aux droits du Gouvernement d'Egypte.

(III) L'Egypte nommera, d'accord avec le Gouvernement de Sa Majesté, un Conseiller Financier, auquel seront confiés, en temps opportun, les pouvoirs actuellement exercés par les Commissaires de la Dette, et qui sera à la disposition du Gouvernement Egyptien pour toutes autres questions sur lesquelles il désirera le consulter.

(IV) L'Egypte nommera, d'accord avec le Gouvernement de Sa Majesté, un fonctionnaire au Ministère de la Justice qui jouira du Droit d'accès auprès du Ministre. Il sera tenu strictement au courant de toutes questions au sujet de l'application de la loi concernant les étrangers, et sera également à la disposition du Gouvernement Egyptien pour être consulté sur toute question relative au maintien efficace de la loi et de l'ordre.

(V) En vue du transfert prévu au Gouvernement de Sa Majesté des droits jusqu'ici exercés sous le régime des Capitulations par les différents Gouvernements étrangers, l'Égypte reconnait à la Grande-Bretagne le droit d'intervenir, par son Représentant en Egypte, pour empêcher l'application aux étrangers de toute loi égyptienne dont l'application nécessite actuellement le consentement des Puissances étrangères, et la Grande-Bretagne de son côté s'engage à n'exercer ce droit que dans le cas de lois d'une application non équitable aux étrangers.

Variante à cette clause :

En vue de la cession au Gouvernement de Sa Majesté des droits jusqu'ici exercés sous le régime des Capitulations par les différents Gouvernements étrangers, l'Égypte reconnaît à la Grande-Bretagne le droit d'intervenir, par son représentant en Egypte, pour empêcher l'application aux étrangers de toute loi Egyptienne dont l'application nécessite actuellement le consentement des Puissances étrangères; et la Grande-Bretagne de son côté s'engage à n'exercer ce droit que dans le cas de lois d'une application non équitable aux étrangers en matière d'impôts, ou en désaccord avec les principes communs de législation des Puissances capitulaires.

(VI) Par suite des relations spéciales entre la Grande-Bretagne et l'Egypte créées par l'alliance, il sera accordé au représentant britannique une situation exceptionnelle en Egypte et il aura un droit de préséance sur les autres représentants.

(VII) Les contrats des officiers britanniques et des officiers d'autres nationalités étrangères, et des fonctionnaires administratifs entrés au service du Gouvernement Egyptien avant l'entrée en vigueur du traité pourront être dénoncés soit par les fonctionnaires eux-mêmes, soit par le Gouvernement Egyptien, à tout moment durant une période de deux ans à partir de l'entrée en vigueur du Traité. Les pensions ou indemnités à accorder aux fonctionnaires qui se retireront suivant cette clause, en plus de celles prévues par la loi actuelle, seront fixées par le Traité. Dans le cas où aucun avantage n'est obtenu par cet arrangement, les conditions existantes de service ne seront pas changées.

5. — Ce traité sera soumis à l'approbation d'une Assemblée Constituante, mais n'entrera en vigueur qu'après l'entrée en vigueur des accords avec les Puissances étrangères pour la suppression de leurs Tribunaux Consulaires, et des décrets pour la réorganisation des Tribunaux mixtes.

6. — Cette Assemblée Constituante aura également pour mission de préparer les nouveaux statuts organiques sur lesquels le Gouvernement de l'Egypte sera à l'avenir établi.

Ces statuts contiendront les dispositions prévoyant la responsabilité des Ministères devant le Parlement. Ils contiendront également les stipulations nécessaires au sujet de la tolérance religieuse pour tous les individus et pour la protection efficace des droits des étrangers.

7. — Les modifications nécessaires au régime des capitulations seront obtenues par des accords conclus par la Grande-Bretagne avec les

différentes puissances Capitulaires. Ces accords contiendront les stipulations concernant la fermeture des Tribunaux consulaires, afin de rendre possible la réorganisation et l'extension de la juridiction des Tribunaux mixtes et l'application à tous les étrangers en Egypte des lois (y compris les lois établissant des impôts) votées par le Parlement Egyptien.

8. — Ces accords stipuleront le transfert au Gouvernement de Sa Majesté des droits antérieurement exercés sous le régime des capitulations par les différents Gouvernements étrangers. Ils contiendront les stipulations suivantes :

(*a*) Il ne sera pas permis d'instituer des privilèges pouvant nuire aux ressortissants des puissances ayant consenti à supprimer leurs tribunaux consulaires. Ces ressortissants bénéficieront en Egypte du même traitement que les sujets britanniques.

(*b*) La loi sur la Nationalité Egyptienne sera basée sur le *Jus sanguinis*, de sorte que les enfants nés en Egypte de parents étrangers conserveront la nationalité de leur père et ne pourront être considérés comme Egyptiens.

(*c*) Les officiers consulaires des Puissances étrangères jouiront en Egypte des mêmes statuts dont jouissent les Consuls étrangers en Angleterre.

(*d*) Les traités et les accords actuels auxquels l'Egypte a pris part pour les questions de commerce et de navigation y compris les conventions postales et télégraphiques, resteront en vigueur. En attendant la conclusion d'accords spéciaux auxquels l'Egypte serait partie contractante l'Egypte appliquera les traités en vigueur entre la Grande-Bretagne et la Puissance étrangère intéressée sur les questions soulevées par la fermeture des tribunaux consulaires, telles que traités sur l'Extradition, traité pour la livraison des marins déserteurs, etc..., ainsi que les traités de nature politique soit multilatéraux, soit bilatéraux, c'est-à-dire Conventions d'Arbitrage et les différentes Conventions relatives à la conduite des hostilités.

(*e*) La liberté du maintien des écoles et l'enseignement de la langue de chaque puissance intéressée sera garantie, à condition que ces écoles soient soumises en tous points aux lois applicables généralement aux Écoles Européennes en Egypte.

(*f*) La liberté de maintenir ou d'organiser des institutions de bienfaisance et religieuses telles que : Hôpitaux, etc..., sera aussi garantie.

Les traités prévoiront également les changements nécessaires dans la Commission de la Dette et l'élimination de l'élément international du Conseil sanitaire d'*Alexandrie*.

9. — La législation rendue nécessaire pour les Conventions précitées, entre la Grande-Bretagne et les Puissances étrangères sera faite par décrets rendus par le Gouvernement Egyptien.

Un décret sera rendu en même temps validant toutes les mesures législatives administratives ou judiciaires prises en vertu de la loi martiale.

10. — Les décrets sur la réorganisation des tribunaux mixtes conféreront à ces tribunaux toute juridiction jusqu'ici exercée par les tribunaux consulaires sans toucher à la juridiction des Tribunaux indigènes.

11 — Après l'entrée en vigueur du traité auquel se réfère l'article 3, la Grande-Bretagne en communiquera les termes aux Puissances étrangères, et soutiendra une demande de l'Egypte pour son admission comme Membre à la Ligue des Nations.

CONGRÈS DES ASSOCIATIONS ÉGYPTIENNES D'EUROPE

A la suite de la publication de la Convention Milner-Zagloul dont on vient de lire le texte, les Associations égyptiennes d'Europe réunies en Congrès à Paris, ont voté l'ordre du jour suivant :

Sur convocation spéciale de l'Association égyptienne de Paris, les représentants de toutes les associations égyptiennes d'Europe se sont réunis en Congrès au nombre de 40 pour étudier et discuter le projet d'accord élaboré par Lord Milner et soumis aux membres de la Délégation égyptienne au cours des conférences de Londres. Le Congrès, constatant que le projet Milner ne donne à l'Egypte qu'une indépendance purement nominale, mais maintient l'occupation militaire du pays, l'ingérence de l'Angleterre dans le gouvernement intérieur, la possibilité pour elle d'entraîner l'Egypte dans une guerre, c'est-à-dire tout l'essentiel du Protectorat, qu'en un mot on demande au peuple égyptien de sanctionner toutes les violations de l'indépendance nationale qui ont amené la nation à se lever spontanément pour la révolution, décide à l'unanimité de repousser le projet.

Le Congrès est unanime à s'élever contre la prétention de l'Angleterre de faire valider par le peuple égyptien (article 9 du traité) et accepter par lui comme justes et légales toutes les atrocités commises au cours de l'année 1919 et dénonce au monde civilisé l'indignité d'une pareille exigence.

Le Congrès attire également l'attention du monde civilisé sur ce fait qu'une consultation du peuple égyptien faite au cours de l'occupation étrangère sous le couvert de l'état de siège et de la loi martiale est contraire aux principes du droit international et nulle de plein droit.

Société Nouvelle d'Impressions — 4319

www.ingramcontent.com/pod-product-compliance
Ingram Content Group UK Ltd.
Pitfield, Milton Keynes, MK11 3LW, UK
UKHW022053260726
13993UKWH00001B/88

9 782329 095936